VIVRE
son ENFANCE
au SEIN
d'une SECTE
RELIGIEUSE

PRESSES DE L'UNIVERSITÉ DU QUÉBEC
Le Delta I, 2875, boulevard Laurier, bureau 450
Québec (Québec) G1V 2M2
Téléphone : (418) 657-4399 • Télécopieur : (418) 657-2096
Courriel : puq@puq.ca • Internet : www.puq.ca

Diffusion / Distribution :

CANADA et autres pays

PROLOGUE INC.
1650, boulevard Lionel-Bertrand (Québec) J7V 1N7
Téléphone : (450) 434-0306 / 1 800-363-2864

FRANCE
AFPU-DIFFUSION
SODIS

BELGIQUE
PATRIMOINE SPRL
168, rue du Noyer
1030 Bruxelles
Belgique

SUISSE
SERVIDIS SA
5, rue des Chaudronniers,
CH-1211 Genève 3
Suisse

VIVRE son ENFANCE au SEIN d'une SECTE RELIGIEUSE

Comprendre pour mieux intervenir

LORRAINE DEROCHER

Préface de
Micheline Milot

Presses de l'Université du Québec
Le Delta I, 2875, boul. Laurier, bur. 450
Québec (Québec) Canada   G1V 2M2

*Catalogage avant publication de Bibliothèque
et Archives nationales du Québec et Bibliothèque et Archives Canada*

Derocher, Lorraine, 1961-

   Vivre son enfance au sein d'une secte religieuse :
comprendre pour mieux intervenir

   (Collection Problèmes sociaux & interventions sociales; 35)

   Présenté à l'origine comme thèse (de maîtrise de l'auteur – Université du Québec
à Montréal), 2006, sous le titre : Les socialisations marginales.

   Comprend des réf. bibliogr.

   ISBN 978-2-7605-1527-7

   1. Ex-membres d'une secte - Intégration. 2. Sectes - Aspect social. 3. Socialisation.
4. Intégration sociale. I. Titre. II. Collection.

BP603.D47 2008   362.8   C2007-941977-1

Nous reconnaissons l'aide financière du gouvernement du Canada
par l'entremise du Programme d'aide au développement
de l'industrie de l'édition (PADIE) pour nos activités d'édition.

La publication de cet ouvrage a été rendue possible
grâce à l'aide financière de la Société de développement
des entreprises culturelles (SODEC).

Mise en pages : INFOSCAN COLLETTE-QUÉBEC

Couverture – Conception : RICHARD HODGSON

           Illustration : GILLES JOBIN, *Sans titre* (2006),
                 Huile sur toile, 10 po × 12 po.

Dépôt légal – 1er trimestre 2008
Bibliothèque et Archives nationales du Québec / Bibliothèque et Archives .
Canada Imprimé au Canada
D1527-1 [02]

À Lyne,
qui, sans le savoir,
a su inspirer chacune des lignes de cet ouvrage.

REMERCIEMENTS

Ce projet aurait été impossible sans le soutien continuel de mes amies Rosa Morelli et Lise Daniels, toujours prêtes à m'épauler dans mes projets les plus ambitieux et les plus audacieux. Je suis reconnaissante également à mon amie Lucie Cousineau pour son soutien constant ainsi que les corrections «de dernière minute». Chacune m'a aidée plus qu'elle ne le croit.

Je ne puis passer sous silence l'apport du professeur Fernand Ouellet de l'Université de Sherbrooke qui a cru en moi dès les premiers instants. Je tiens aussi à témoigner ma reconnaissance aux professeurs du groupe de recherche Société, droit et religions de l'Université de Sherbrooke (SoDRUS) pour avoir accepté que le SoDRUS apporte une contribution financière à la publication de cet ouvrage. Je veux remercier plus spécialement le professeur Claude Gélinas pour sa recommandation à la direction du SoDRUS. Je désire également remercier les professeures Nathalie Luca et Shirley Roy, qui ont toutes deux fortement suggéré la publication de cette recherche et qui m'ont aidée, par leurs conseils, à préciser ma pensée dans certaines sections. Enfin, la contribution, au plan linguistique, de Linda Pépin m'a été tout particulièrement précieuse.

Je tiens de plus à remercier de façon toute spéciale la professeure Micheline Milot qui a su à tout moment, par son encadrement et son enseignement, me diriger dans la réalisation de cette recherche, qui au départ constituait un cheminement de maîtrise. Cette sociologue, par ses travaux, ses nombreuses publications et son implication, a su m'inspirer tout au long de ce parcours.

Je m'en voudrais de ne pas souligner les encouragements prodigués par mes amis Edward Abdallah et David Sévigny qui ont su à maintes reprises me rappeler l'importance de cette recherche. Je veux également souligner la générosité des informateurs qui n'ont pas eu crainte de me partager une partie de leur vie. Ils m'ont ouvert une piste précieuse : celle de leur intégration en société. Je leur dois toute ma gratitude.

Plusieurs ouvrages ont été produits à propos des sectes. Les perspectives les plus couramment adoptées sont celles de la manipulation des leaders ou gourous, de la victimisation des adhérents ou de la dangerosité psychologique et sociale de ce type de groupement. Trop souvent, la dénonciation prend le pas sur l'analyse critique. Quoique ces études puissent apporter une bonne connaissance d'aspects non négligeables du mode de fonctionnement sectaire, Lorraine Derocher emprunte une tout autre voie. Elle nous invite à comprendre le processus d'intégration sociale d'adultes qui ont vécu leur enfance dans un groupe religieux fermé. Car il s'agit bien d'un processus d'intégration puisque les enfants, à la différence des adultes, ont été entièrement socialisés dans un monde marginal qu'ils n'ont pas choisi. À la sortie du cadre de vie sectaire dont ils faisaient partie depuis leur enfance, l'intégration dans la société se vit alors avec toutes les difficultés inhérentes à une telle expérience de « migration ». Cependant, ces difficultés se voient non seulement exacerbées, mais également associées à d'autres embûches plus particulières à ce type de processus correspondant à une véritable resocialisation. À cet égard, le travail de Lorraine Derocher nous apporte un éclairage aussi riche qu'inédit. Les problèmes particuliers d'insertion sociale vécus par les personnes qui ont courageusement accepté de participer à cette étude nous révèlent des aspects moins connus des effets à long terme d'une telle socialisation première.

L'auteure confirme dans son étude des aspects majeurs de la socialisation, tel qu'on les trouve chez Boudon, Simmel ou Piaget. À l'instar de ces grands auteurs, elle démontre l'incidence des attitudes normatives acquises dans l'enfance sur la socialisation ultérieure. Dans le contexte plus particulier de la socialisation marginale, ces attitudes intériorisées sont de nature à exercer une action inhibitrice sur l'ex-sectateur devenu adulte lorsqu'il veut intégrer la société ; par exemple, la peur de circuler dans un monde qui avait été défini pendant des années comme l'incarnation du mal ou la difficulté à comprendre les codes usuels de la société, si différents de ceux du groupement sectaire, sont bien mises en évidence.

Parmi les nombreux autres aspects qui méritent d'être soulignés dans cette analyse menée avec rigueur, mentionnons le problème du langage. Le verrouillage de la communication dans la secte, comme le note la spécialiste française Nathalie Luca, constitue un écueil important lorsque la personne quitte le milieu sectaire, où la métaphore spirituelle et l'hermétisme tenaient lieu de langage globalisant et manichéen du monde. Tant les codes affectifs, comportementaux, sexuels que moraux sont englobés par un métalangage religieux qui brouille chez l'enfant à sa sortie de la secte tous les repères normaux de la communication usuelle de la société. C'est à un véritable choc des réalités que sera alors confrontée la personne, ce qui fait de l'intégration en société un processus d'autant plus fragile. Si certains aspects de l'insertion sociale peuvent se dérouler plus facilement, se trouver un travail par exemple, d'autres expériences constituent une véritable confrontation à l'étrangeté d'un monde auquel l'ex-sectateur ne se sent pas appartenir, auquel il craint de ne jamais appartenir. Les moindres échecs vécus dans sa tentative d'« adaptation » peuvent être interprétés comme une incapacité de parvenir à intégrer réellement ce nouvel environnement. Appréhendant les difficultés de surmonter chaque jour un nouvel obstacle inconnu, certains choisiront le retour dans le monde connu de la secte, aussi hostile soit-il. D'autres, plus tragiquement, verront dans le suicide la seule échappée possible à ces deux mondes dont ils se sentent aliénés.

Un autre élément original et fort intéressant de cette étude est la problématique de l'identité. La vie dans le monde marginal de la secte religieuse confère à l'enfant une identité, mais elle a ceci de particulier qu'il s'agit d'une identité essentiellement utopique. On sait que la vision religieuse de ces groupements sectaires d'inspiration chrétienne, le plus souvent apocalyptiques, est fortement marquée par une représentation utopique de leur raison d'être et de leur mission sur Terre, justifiant leur retrait de la société. Cette représentation contribue largement à définir l'identité de chaque membre de la secte. C'est tout particulièrement le cas des enfants de leaders, qui sont en quelque sorte appelés à jouer un rôle spirituel de premier plan. À la sortie du groupement sectaire, cette identité s'effondre sans être immédiatement redéfinie selon des paramètres confortant positivement une identité nouvelle. Un autre point fort dans cette étude réside dans les quatre étapes que Lorraine Derocher a repérées en ce qui concerne le passage de la secte à la société moderne que vit l'ex-sectateur, chaque étape pouvant comporter son lot d'embûches et de sentiments d'échec pouvant banaliser les acquis de l'intégration et rendre plus vive la tentation de faire marche arrière.

Pour donner la parole à celles et à ceux qui ont connu les étapes d'une intégration sociale si difficilement et chèrement acquise, Lorraine Derocher a dû susciter la confiance d'où naissent de telles confidences à propos d'un passé et souvent d'un présent encore douloureux. Méthodologiquement, il ne suffit pas de construire d'excellents outils de recherche et d'analyse ; encore faut-il que le matériau soit au rendez-vous. Dans les cas où des personnes, fragilisées par l'épreuve vécue, éprouvent souvent de la honte à parler de leur passé sectaire (et même, pour plusieurs, n'en parlent pratiquement jamais), il faut savoir gré à Lorraine Derocher d'avoir trouvé les mots et démontré le respect nécessaire afin de susciter la parole chez celles et ceux qui n'ont pas eu la chance d'avoir quelqu'un pour les entendre au bon moment, alors qu'ils se trouvaient enfermés dans un monde tout autre.

Sans jamais verser dans le pathos, la présentation des témoignages analysés ne masque pas l'aspect viscéral de la blessure de tous ces individus, blessure qui, si elle peut cicatriser, ne disparaîtra jamais. Le courage des personnes qui ont accepté de rendre compte de leur expérience n'en est que plus touchant.

Cette étude constitue certainement un outil particulièrement éclairant pour les intervenants concernés, de plus en plus sensibles à la problématique du vécu sectaire. L'analyse de Lorraine Derocher contribuera à les aider à mieux comprendre le cheminement de leur patient afin de pouvoir intervenir adéquatement. Espérons surtout qu'une telle étude puisse rendre les organismes sociaux plus vigilants à la détresse d'enfants qui semblent trop souvent tomber entre les mailles du filet de protection de la société.

Micheline Milot
Département de sociologie
Université du Québec à Montréal

PARTIE 2
LA RECHERCHE

Personne ne pouvait deviner que Carole vivait en communauté: ni ses enseignants ni même ses amis. Elle cachait sa vie familiale comme un secret honteux, choisissant le silence comme allié. De fait, elle partage son quotidien d'enfant avec des adultes engagés pour Jésus-Christ, elle remplace sa mère dans les tâches ménagères afin que cette dernière puisse vaquer aux activités missionnaires et elle écoute sans rien dire les sermons de son père qui lui enseigne que le monde est méchant, dangereux et satanique.

Carole n'est pas la seule, au même moment, à vivre ce type de réalité. Plusieurs enfants sont nés au sein de groupes religieux fermés et ont grandi dans un univers partiellement ou totalement coupé de la société. Maintenant adultes, certains choisissent de quitter leur environnement familial pour vivre en société. Tous l'affirment: le défi est de taille! Sept d'entre eux – Carole, Maurice, Émile, Julie, Luc, Mona et Sara[1] – ont accepté de partager leur histoire. Leur message principal: les gens qui les côtoient et à qui ils osent se livrer (psychologues, avocats, médecins, enseignants ou travailleurs sociaux) ne sont pas suffisamment outillés pour saisir la dynamique particulière de leur cheminement. Cette nouvelle clientèle des services sociaux a besoin d'aide, tant sur les plans psychologique, pécuniaire, juridique, scolaire que médical, et peu de gens sont vraiment aptes à les guider, à les soutenir ou à les encadrer. L'un des objectifs de cette recherche est donc de fournir aux intervenants des outils favorisant la compréhension des personnes qui ont vécu leur enfance au sein d'une secte religieuse et qui vivent maintenant leur vie adulte en dehors des murs clos de l'environnement dans lequel ils ont grandi.

---

1. Afin de respecter l'anonymat des participants, ces noms sont fictifs.

Les événements tragiques des meurtres et suicides de membres de sectes religieuses telles que Jonestown[2], l'Ordre du Temple solaire[3] ou de celle de Rock Thériault[4] alias Moïse ont été largement médiatisés : de phénomène social, les sectes[5] se sont métamorphosées en problème social (Champion et Cohen, 1999). La perte d'emprise des grandes Églises traditionnelles et la dérégulation du domaine de la croyance ont laissé place à une multitude d'«offres» de croyances et de groupes proposant divers types d'expériences spirituelles qui caractérisent ainsi le champ socioreligieux depuis plus de trois décennies (Hervieu-Léger, 2001). Dans cette foulée, de nombreux petits groupes se sont formés, fondés par des individus qui tentent à leur tour de créer une nouvelle religion (en opposition aux religions traditionnelles) ou une nouvelle société (en opposition à la société moderne) (Hervieu-Léger et Davie, 1996). Nous retrouvons parmi ces nouveaux chefs religieux (nommés communément, et plus ou moins adéquatement, «gourous[6]») tant des individus qui ont connu un long cheminement intellectuel et spirituel que des gens qui «improvisent» davantage un nouveau leadership, en légitimant leur autorité par leur charisme personnel (Weber, 1996). Dans certains cas, des dérives néfastes se sont produites. Malgré l'amplitude du phénomène créé par les médias, notons toutefois, sans vouloir ici excuser les graves méfaits survenus dans certains groupes religieux, que de telles dérives sont le fait d'une minorité (Barker, 1989).

Malgré le maigre pourcentage de dérapages dans le milieu des nouveaux mouvements religieux, le caractère extrême de ces situations a cependant contribué à stimuler les recherches. En outre, le processus d'adhésion et de désaffiliation aux groupes sectaires a fait l'objet d'observations.

---

2. Drame de Jonestown où 260 enfants sont morts (Palmer et Hardman, 1999). Selon Singer et Lalich (1996), le nombre d'enfants serait plutôt de 276.

3. Sept enfants et trois adolescents sont morts en France et en Suisse. Identifié comme l'Antéchrist, un enfant du Québec a aussi été assassiné (Palmer et Hardman, 1999).

4. Au moins un enfant est mort.

5. Lorsque nous utilisons les termes «Secte» et «Église» en tant que concepts sociologiques, nous utiliserons l'italique et la majuscule (*Secte*, *Église*).

6. Le terme gourou (ou guru) désigne dans sa définition primaire un «maître spirituel hindou» (*Le Petit Larousse illustré*, 2004) qui forme, par ses enseignements, des disciples qui le suivent généralement. Cette définition a subi une transformation par l'utilisation péjorative de ce terme dans l'espace public pour désigner les fondateurs ou leaders de sectes religieuses en Occident. En effet, le gourou ressemblerait à un dangereux individu qui, volontairement, ne cherche que la gloire et le pouvoir sur des esprits soumis. Lorsqu'on utilise le terme gourou dans ce contexte, on fait un procès d'intention en attribuant au chef religieux une mauvaise volonté dans sa démarche préméditée de domination et de manipulation des gens (Pelletier, 2001).

Le cheminement d'un adulte lors de son entrée au sein d'un nouveau mouvement religieux comporte plusieurs éléments, mais nous pouvons dire aisément que, même s'il se fait sous l'influence (Cialdini, 1993) d'un leader charismatique ou d'un adepte convaincant, la décision d'adhésion du nouveau membre correspond à une volonté de sa part. Peut-être ce choix s'est-il effectué dans un contexte particulier (moments difficiles, perte d'emploi, crise existentielle, etc.), mais il demeure que l'on peut parler d'une décision personnelle, même si, initialement, cette décision était brouillée par des événements conjoncturels.

De toute évidence, le problème ne peut se poser de la même façon pour l'enfant qui a vécu, sans consentement initial ni décision personnelle, un processus de socialisation primaire en milieu religieux fermé, ce que nous désignerons par l'expression «socialisation marginale».

Nous affirmons d'emblée que, comme l'enfant ne change pas de structure de crédibilité ou n'expérimente pas la conversion, il ne peut être considéré comme un adepte à moins qu'il ne le devienne par un processus de socialisation réussi. Alors que, pour l'adulte, le nouveau groupe religieux répond à des besoins de sécurité (devant les peurs induites par la modernité, notamment devant l'avenir de l'humanité) (Bergeron, 1985; Boutin, 1985; Lemieux, 1985), à des besoins de sens face au chaos (devant le vide et le désenchantement que laisse au cœur de l'individu moderne la rationalité instrumentale) (Hervieu-Léger, 1996) et d'engagement (où la rationalité en valeur dans ces groupes est à l'ordre du jour), ce monde fermé qu'est la *Secte* ne représente pas du tout la même réalité pour l'enfant.

Ce monde forme plutôt pour lui sa terre natale, son lieu d'appartenance, sa famille, son cadre de référence initial. Pour l'enfant, la *Secte* devient un monde «allant de soi» (Berger et Luckmann, 2003): le seul monde qui existe et qui a du sens. L'enfant n'est pas en mesure de faire la distinction entre un enseignement doctrinal et les éléments de son éducation auxquels il doit obéir ou se soumettre. Conséquemment, la construction sociale de sa réalité, «religieuse» dans son cas, revêt un caractère d'évidence. L'ordre significatif imposé par le *nomos* (Berger, 1971), cette manière que possède l'ordre social de nommer l'expérience des individus, devient pour l'enfant l'unique signification donnée au sens de sa vie et au rôle auquel il sera formé au sein de la secte. Cela vaut pour l'enfant élevé en milieu religieux fermé.

Par ailleurs, le caractère protecteur de cette microsociété par rapport à ce qui est perçu (de l'intérieur de la secte) comme étant le chaos ou comme un monde extérieur menaçant encadre l'enfant dans un monde qui fait sens uniquement dans cet ordre social. Il est probable qu'à l'adolescence ou à l'âge adulte celui qui considère une sortie puisse se retrouver devant un sentiment partagé entre la peur et l'attirance du monde extérieur. De plus, les valeurs communiquées, les rôles appris et les compétences organisationnelles développées dans cette microsociété prometteuse, laquelle est basée sur un contre-modèle de la société dominante, peuvent créer une image de soi qui correspond peu ou pas à la compétence sociale généralement exigée pour vivre dans la société dominante. Pour les membres de cette nouvelle génération qui décideront de sortir de la secte à l'âge adulte, le processus d'intégration dans la société environnante peut donc représenter un défi important.

> Les enfants qui grandissent dans un tel environnement [institutions totalitaires] n'ont pas vécu l'expérience du « monde extérieur » et s'adaptent beaucoup plus facilement que les adultes aux environ-nements totalitaires et à ses exigences. La facilité relative avec laquelle les enfants s'adaptent à ces environnements se reflète dans les difficultés qu'ils vivent lorsqu'ils choisissent ou sont forcés de quitter les confins de ces institutions et commencent à vivre dans la société dominante (Siskind, 2001, p. 1).

Séparés du monde depuis leur naissance ou leur enfance, il est arrivé que ces individus n'aient jamais eu contact avec le système médical, qu'ils n'aient jamais travaillé pour un salaire ou qu'ils n'aient pas appris à faire un budget, qu'ils n'aient pas fréquenté une école reconnue par l'État, qu'ils aient porté toute leur vie des vêtements qui ne sont pas « à la mode », qu'ils aient adopté un mode alimentaire différent ou encore qu'ils aient appris à entretenir des rapports humains plus étroits de par l'aspect com-munautaire de leur groupe. Comment se comporteraient-ils s'ils avaient un jour à consulter un médecin (si, de surcroît, ils ont été victimes d'abus), à se trouver un emploi, à se suffire financièrement ou même à envisager une carrière, à suivre des cours dans un établissement d'enseignement, à faire des choses aussi anodines que de s'acheter des vêtements ou de la nourriture ou à entretenir de nouvelles relations ? Seraient-ils à l'aise dans l'exercice de leurs choix, de leur jugement critique ou dans l'usage de leur liberté ?

Par ailleurs, quels peuvent être les effets à long terme d'une enfance vécue à l'intérieur d'une secte religieuse où la Bible devient le livre de chevet et où l'intervention divine constitue bien souvent l'unique réponse aux problèmes humains ? Quel est l'impact sur la vie adulte de l'enfant dont le quotidien est teinté de symboles apocalyptiques ? Quel type de conséquences peut amener la transmission d'une vision du monde nourrie du syndrome du monde « méchant » et de la conception d'un avenir perçu comme source d'inquiétude ? Pour les enfants, l'utopie apocalyptique ne risque-t-elle pas de devenir ainsi « LA » réalité ?

Munis de leur façon particulière d'aborder et de concevoir la réalité, ces individus peuvent, à leur sortie, se voir confrontés tant à un choc de réalités qu'à un conflit de valeurs. Les groupes religieux fermés ne transmettent à leurs enfants que peu de valeurs communes à celles de la société moderne.

À ce stade-ci, une question s'impose : les raisons qui motivent le départ d'un individu ayant vécu son enfance au sein d'un groupe religieux fermé sont-elles comparables à celles des adeptes de la première génération qui décident de quitter leur milieu d'appartenance? Trois éléments centraux favorables au départ des adeptes entrés en communauté à l'âge adulte se dégagent des études sur la désaffiliation religieuse, en particulier celle des membres des nouveaux mouvements religieux (Skonovd, 1983). Nous retrouvons, en premier lieu, la détérioration des liens affectifs envers le dirigeant, ce qui implique une diminution de la charge émotive vécue en relation avec le groupe. Deuxièmement, les doutes, parfois provoqués par un manque de correspondance, voire une contradiction entre les enseignements et les actions, parfois immorales, du chef et des membres, collaborent au processus. Enfin, une désillusion par rapport à la potentialité réelle du groupe religieux à opérer les changements anticipés (politiques, spirituels, sociaux, etc.) et pour lesquels certains adeptes se sont engagés, contient parfois, conjuguée ou non aux deux premiers éléments, l'élément déclencheur d'un départ.

Chez l'enfant, la crise d'adolescence devient souvent le test par excellence du degré de «réussite» de la socialisation dans un groupe religieux fermé et marginal, et peut inciter des jeunes à préparer leur départ. Certains adolescents, par contre, peuvent demeurer attachés au type d'enseignement intériorisé dans le groupe. Les enfants de fondateurs, tout particulièrement, peuvent même trouver une certaine valorisation en acquérant un statut spécial (parfois en ce qui a trait à la hiérarchie spirituelle) ou en obtenant une délégation d'autorité qui a, chez certains, un effet de rétention dans le groupe. Ces jeunes décideront de rester.

Quelques études empiriques ont élucidé les raisons de départ volontaire des enfants sectateurs qui ont quitté leur milieu à l'âge adulte. Selon ces études, l'accumulation d'abus (Kendall, 2005), la difficulté de supporter l'environnement restrictif de la secte, la soif d'apprentissage, la crise identitaire à l'adolescence (Kendall, 2006), la volonté d'acceptation sociale lorsque le contact extérieur est permis (Rochford, 1999) et le refus de devenir à l'image des parents ou de vivre la même situation qu'eux (Barker, 1984) représentent les raisons évoquées par les sectateurs de la dernière génération qui ont décidé de partir[7]. Il semble donc, à première vue, que

---

7. Kendall (2006) ajoute que 17 ans est l'âge le plus fréquent où un ou une jeune effectue un départ de la secte.

le doute, le détachement affectif et la désillusion (Skonovd, 1983), raisons évoquées par les gens de la première génération, ne représentent pas les raisons majeures des départs de ceux qui ont passé leur enfance au sein d'une secte religieuse.

Il reste le fait que, quitter un milieu sectaire, pour un enfant ou un adulte, implique le rejet de ce monde social, de son univers symbolique et de l'identité liée au rôle social pour lequel l'individu a été formé. Étant donné que ce rejet implique une certaine évacuation de son unique cadre de référence, l'enfant, certainement plus que l'adulte qui aurait vécu préalablement en dehors de la secte, aura à faire face à une forme d'anomie[8] (Durkheim, 1981) à sa sortie du groupe. L'anomie, cette perte d'orientation dans l'univers social, peut en effet se manifester chez un individu qui perd ses repères sociaux. Isabelle Fontaine illustre bien les conséquences de cette anomie :

> Une coupure avec ses repères sociaux inflige à l'individu des tensions psychologiques difficilement supportables. D'ailleurs, le danger le plus grave résultant d'une telle coupure est celui d'une absence totale de signification étant donné que l'individu risque de sombrer dans un univers de désordre, d'absurdité et de folie (Fontaine, 1998, p. 69).

Berger affirme qu'une telle « absurdité est insupportable au point que l'individu pourra préférer la mort » (1971, p. 52), faisant référence ici au « suicide anomique » de Durkheim. Il ajoute à juste titre :

> [...] la rupture radicale avec le monde social – ou *anomie* – représente une si grave menace pour l'individu. Ce n'est pas seulement parce que dans ce cas l'individu est privé d'attaches affectives satisfaisantes. Il n'est plus capable de s'orienter dans l'expérience. Dans les cas extrêmes, il perd son sens de la réalité et son identité (Berger, 1971, p. 51).

Nous avons donc choisi de consacrer notre analyse aux problèmes que peuvent rencontrer les individus élevés dans des milieux religieux fermés qui choisissent d'en sortir. Cet ouvrage traite ainsi des personnes qui quittent, de façon volontaire, un groupe religieux fermé sans avoir jamais décidé d'y entrer volontairement, c'est-à-dire des enfants socialisés en milieu sectaire qui intègrent la société à l'âge adulte.

Cet ouvrage comporte deux parties. La première, constituée des deux premiers chapitres, est consacrée à l'élaboration de notre cadre théorique. Nous y explorons les définitions classiques et contemporaines de la *Secte*

---

8. Nous reviendrons plus en profondeur sur ce concept dans le chapitre théorique portant sur la socialisation, l'intégration et l'anomie.

ainsi que les concepts sociologiques de socialisation, d'anomie et d'intégration sociale. La deuxième partie porte sur l'enquête de terrain elle-même. Nous y résumons les entrevues et formulons nos résultats d'analyse. Nous faisons d'ailleurs référence aux quatre étapes que nous avons repérées dans le processus d'intégration en société des jeunes ex-sectateurs. La lecture de ces chapitres rend ainsi apparent le lien évident qui existe entre le processus de socialisation que ces derniers ont vécu lors de leur enfance et le défi important que peut constituer pour eux la vie en société à la suite d'un départ volontaire.

Même si les chapitres qui traitent de l'analyse des données (chapitres 6, 7 et 8) résument brièvement les théories utilisées, ils réfèrent constamment aux théories élaborées dans les deux premiers chapitres.

P A R T I E

1

LE CADRE THÉORIQUE

1

LE GROUPE RELIGIEUX SECTAIRE

La secte constitue depuis longtemps un sujet difficile à aborder étant donné sa forte connotation péjorative. Ce terme a souvent été utilisé par les Églises, les médias ou encore ceux qui y ont vécu une expérience, de manière à stigmatiser les adeptes et leur guide. Il est donc important de situer le lecteur ou la lectrice selon une conception plus objective de la *Secte*. À cette fin, nous décrivons dans ce chapitre la notion scientifique du terme en ayant recours aux définitions et typologies sociologiques classiques et contemporaines.

1.1. LA TYPOLOGIE DE LA SECTE ET DE L'ÉGLISE CHEZ WEBER ET TROELTSCH

En 1910 se tenait à Francfort, lors de la première rencontre de la Société allemande de sociologie (Deutsche Gesellschaft für Soziologie), un colloque sur les sujets importants de la sociologie religieuse. Il semble que les différentes formes de religiosité, dont la typologie *Secte-Église-Mystique*[1], aient été jugées à l'époque comme un sujet clé à débattre, puisqu'elles ont fait partie des thématiques sur lesquelles Ernst Troeltsch, Ferdinand Tönnies, Georg Simmel et Max Weber ont vivement échangé (Weber, 1973) lors de ce colloque. Aujourd'hui, cette théorie demeure une référence incontournable dans la tradition sociologique pour quiconque s'intéresse à l'étude sociologique des sectes.

---

1. Nous ne développerons pas dans ce chapitre sur le type *Mystique* étant donné qu'il ne rejoint pas la forme sectaire des groupes fondamentalistes apocalyptiques que nous étudions.

C'est Weber qui a eu l'initiative de donner une définition non péjorative de la *Secte*. Il théorise la sociologie des religions et s'attarde sur les types de «communalisation religieuse» (*religiöse Vergemeinschaftung*) (Weber, 1995b) en opposant deux idéaux-types[2]: *Église* et *Secte* (Weber, 1964, 1985, 1995b, 1996; Loader et Alexander, 1985; Willaime, 1995), définis selon leur mode d'agrégation sociale:

> Employant deux termes du langage commun et non critiqué, Weber tente de les vider de leur contenu affectif, normatif, valorisant ou péjoratif selon le cas. Il leur donne un sens précis d'un point de vue sociologique, loin de tout jugement de valeur, en les référant à des critères précis d'organisation sociale (Séguy, 1980, p. 100).

Par ailleurs, le théologien, historien, sociologue et philosophe[3] allemand Ernst Troeltsch focalise son analyse sur les contenus doctrinaux afin d'apporter un éclairage sur le rôle de la communauté chrétienne dans la société. «Il conçoit le phénomène sectaire comme une forme originale du phénomène chrétien et suit son développement au cours des siècles parallèlement à celui des Églises» (Séguy, 1961, p. 13).

Malgré deux angles d'approche différents[4], du travail de ces deux théoriciens naîtra cette célèbre théorie comparative où les deux idéaux-types *Église* et *Secte* n'existent qu'un par rapport à l'autre, dans une continuelle tension (Champion et Cohen, 1999; Luca, 2004). Ces deux modes opposés d'organisation sociale du religieux se distinguent par leur type d'affiliation, leur mode d'autorité, leur forme de leadership et leur type de relation avec la société séculière (Luca, 2004; Hervieu-Léger et Willaime, 2001). En somme, la typologie troeltsch-wébérienne de la *Secte* pourrait se distinguer par quatre caractéristiques: 1) la conversion volontaire; 2) l'élection divine; 3) le refus de compromis avec la société dominante; 4) le charisme et son processus de routinisation (pour les *Sectes* qui durent dans le temps) (Luca et Lenoir, 1998; Luca, 2004).

---

2. Ces deux types purs n'existent pas dans la réalité. Nous retrouvons plutôt des éléments de l'un ou de l'autre modèle dans les structures des différentes organisations religieuses existantes.

3. Professeur de théologie à Heidelberg dès 1894, mais devenu professeur de philosophie à Berlin, en 1915.

4. Malgré l'intention sociologique de Troeltsch, il n'en demeure pas moins que la couleur théologique du chercheur a teinté considérablement son analyse.

1.1.1. Les types *Église* et *Secte*, organisations sociales

Weber définit le type *Église* comme étant une «institution de salut» gérée par des spécialistes qu'il nomme «fonctionnaires» (les *prêtres*) étant donné qu'ils exercent un «charisme de fonction». La transmission de ce charisme crée un processus de «professionnalisation de ce qui reposait, chez les premiers chrétiens, sur des dons personnels, confirmés par des miracles ou des révélations personnelles» (Luca, 2004, p. 20). Weber appréhende donc l'*Église* comme une organisation bureaucratisée qui, selon elle, détient le monopole de la distribution de la grâce et, en conséquence, se donne la charge de la rédemption universelle.

Le sociologue allemand ajoute une autre caractéristique dans son analyse du type *Église*. En le comparant au groupement politique qui exerce une contrainte physique, voire une violence, comme manœuvre légitime d'exercice d'autorité, il qualifiera le type *Église* de «groupement hiérocratique» (Weber, 1995a) :

> Nous dirons d'un groupement de domination qu'il est un groupement *hiérocratique* [*hierokratischer Verband*] lorsque et tant qu'il utilise pour garantir ses règlements la contrainte *psychique* par dispensation ou refus des biens spirituels du salut (contrainte hiérocratique). Nous entendons par *Église* une *entreprise* hiérocratique de caractère *institutionnel* lorsque et tant que sa direction administrative revendique le *monopole* de la contrainte hiérocratique légitime (Weber, 1995a, p. 97).

> Ce n'est pas la *nature* des biens spirituels qu'il laisse espérer – biens d'ici-bas ou dans l'au-delà, biens extérieurs ou intimes – qui constitue la caractéristique déterminante du concept de groupement hiérocratique, mais le fait que la dispensation de ces biens peut constituer le fondement d'une *domination* spirituelle sur les hommes. Par contre, l'élément caractéristique pour le concept d'«Église», est, suivant le langage courant (et commode), son aspect d'entreprise et d'institution (relativement) rationnelles, tel qu'il s'exprime dans les règlements et la direction administrative, ainsi que la revendication d'une domination monopolistique (Weber, 1995a, p. 99-100).

Par ailleurs, Weber oppose, à la manière de Tönnies (1944), les formes sociales *communauté* et *société* : «le type-Église correspondrait à une *Gemeinschaft*, une communauté (de sang, de parenté), à une forme de regroupement social en quelque sorte donné par la «nature sociale», une communauté naturelle, préalable ou préexistant à ses membres et à leurs projets» (Séguy, 1980, p. 100). Il place par conséquent l'*Église* sous le type de structure *institutionnelle (Anstaltshandeln)* où des individus naissent dans une famille appartenant déjà, avant même de naître, à une *Église*, formant ainsi une *communauté institutionnalisée.* Dans ce contexte, les enfants sont socialisés à ce type de vie religieuse dès leur plus bas âge. Jean Séguy élucide bien les conséquences sociologiques d'une telle structure :

> De là vient la prétention du type-Église à dominer les cultures, et son penchant à se compromettre avec les États ; cette double tendance, lorsqu'elle s'épanouit librement, permet en effet à l'Église de dire le sens de la vie individuelle et collective à tous les hommes dans tous les états de la vie, de réaliser pleinement sa double catholicité (1980, p. 105).

En résumé, Weber pose quatre critères à l'idéal-type *Église* : 1) « [...] un corps de prêtres professionnels, dont le statut est réglé par un salaire, une carrière, des devoirs professionnels et un style de vie spécifique (en dehors de l'exercice de la profession) » ; 2) « Quand la hiérocratie prétend à une domination "universaliste" » ; 3) « Quand le dogme et le culte sont rationalisés, consignés dans des écrits sacrés, commentés » ; 4) « Quand tout ceci s'accomplit à l'intérieur d'une communauté institutionnalisée » (Weber, 1996, p. 251 ; Hervieu-Léger et Willaime, 2001, p. 73).

En revanche, la *Secte* vient instituer de nouvelles normes et de nouveaux codes culturels par les conduites, tant individuelles que collectives, déterminées par les croyances religieuses (Weber, 1985 ; Loader et Alexander, 1985). Dirigée par une « autorité charismatique » (Weber, 1995a ; Willaime, 1995, 1999) légitimée par ses dons et sa qualité religieuse personnelle (Willaime, 1999), jugés extraordinaires par les adeptes qui les reconnaissent, la *Secte* veut réformer, de façon originale, l'*Église* (Luca et Lenoir, 1998). « Ainsi détachée de ce corps de fonctionnaires, elle devient une communauté de laïcs assemblée soit autour d'un réformateur, soit autour d'un prophète charismatique » (Luca, 2004, p. 20).

Inspiré par Weber, mais également par Simmel[5], Troeltsch, qui établit sa sociologie à partir d'un regard historique du christianisme, instaure quant à lui une typologie tripartite : *Église-Secte-Mystique*. Il s'accorde avec Weber pour établir la *Secte* en tant que critique dure de l'Église traditionnelle, représentée ici par l'Église catholique. D'ailleurs, la plupart des *Sectes* sont nées de scissions à l'intérieur d'une *Église*. Que ce soit pour des raisons doctrinales, pour l'objectivation du religieux qu'elle ne reconnaît plus, pour le rapport qu'entretient l'*Église* avec la société dominante ou pour son laxisme par rapport aux conduites morales, la *Secte* ne reconnaît plus le monopole et l'autorité religieuse de l'*Église*. Elle revendique l'authenticité

---

5. « Comme partout, se trouve ici aussi à l'arrière-plan de mes recherches la conception simmelienne de la sociologie comme la science des relations formelles de structures des différents types de communauté » (Troeltsch, cité dans Hervieu-Léger et Willaime, 2001, p. 130).

du christianisme primitif caractérisé par le rigorisme moral qu'enseigne l'Évangile, le rapport subjectif au transcendant, la vie communautaire vécue sur des valeurs égalitaires et la rupture avec le monde. Avec le temps, l'*Église*, selon la *Secte*, aurait perdu ces qualités. « Le type Secte ne peut être défini que dans sa relation-opposition au type Église [...] » (Champion et Cohen, 1999, p. 61). Selon Jean-Paul Willaime (2000), toute religion possède conséquemment une propension à la « sectarité ». Troeltsch situe bien ce paradoxe :

> Elles [les grandes Églises nationales] représentent aussi le premier et principal résultat de la mission mondiale de l'Église primitive. Cependant, une fois fermement établies, elles procurèrent à la fois le matériau et l'occasion du jeu de forces par lequel s'introduisit l'élément critique et hostile d'une forme individuelle de piété chrétienne, d'une stricte sévérité au sens chrétien primitif, qui s'opposait entièrement à la religion des masses. Cette critique, d'ailleurs, contenait un élément fondamental de l'éthique authentique du christianisme primitif. Sous son influence surgirent de petits groupes d'âmes droites qui jugeaient la vie du monde selon les hautes exigences morales de l'Évangile... Ce phénomène se produisit à l'intérieur de toutes les Églises chrétiennes, parce que dans toutes, les germes du type-Secte existaient à l'état latent. Cette semence de type-Secte se développa de façon différente selon les Églises, mais le résultat final fut partout le même (Troeltsch, 1931b, p. 811-812[6]).

Troeltsch conçoit la *Secte* et l'*Église* comme deux expressions sociologiques indépendantes liées à deux interprétations de la tradition chrétienne (Johnson, 1963). Par exemple, la *Secte* ne reconnaît plus l'autorité papale institutionnelle du type *Église* (manifestée dans le catholicisme), et choisit plutôt de léguer l'autorité à la *Parole* des Écritures. Troeltsch identifie les Épîtres de Paul, le livre des Actes des apôtres, le texte du Sermon sur la montagne[7] et le livre de l'Apocalypse comme des textes fondamentaux qui ont exercé une grande influence sur les mouvements sectaires, notamment selon deux aspects. Ils ont contribué d'abord au radicalisme d'une antipathie, voire d'une haine envers le « monde » et, en second lieu, à l'idée d'un communisme d'amour reconnu dans la forme communautaire que semblait vivre l'Église primitive (Troeltsch, 1931a).

---

6. Cité en français dans Séguy, 1980, p. 97-98.
7. Voir Mathieu 5, 3-12 ou Luc 6, 20-26 dans le Nouveau Testament.

Troeltsch résume bien, dans ces quelques lignes, les types idéaux *Église* et *Secte* tels qu'il les a conçus :

> L'église est une institution qui, ayant reçu à la suite de l'œuvre rédemptrice le pouvoir de dispenser le salut et la grâce, peut s'ouvrir aux masses et s'adapter au monde ; car elle peut, dans une certaine mesure, faire abstraction de la sainteté subjective dans l'intérêt des biens objectifs que sont la grâce et la rédemption (Troeltsch, 1961, p. 17).

> La secte est une libre association de chrétiens austères et conscients qui, parce que véritablement régénérés, se réunissent ensemble, se séparent du monde et se restreignent à leurs petits cercles. Plutôt que sur la grâce ils mettent l'accent sur la loi et pratiquent, au sein de leur groupe, et d'une manière plus ou moins radicale, la loi chrétienne de l'amour : tout cela en vue de préparer et d'attendre la venue du Royaume de Dieu (Troeltsch, 1961, p. 17).

1.1.2. LE RAPPORT AVEC LA SOCIÉTÉ SÉCULIÈRE

La *Secte* « accuse » en quelque sorte l'*Église* de s'être adaptée à la structure sociale dominante. Elle traduit cette « accommodation » en « compromis » et dénomme la société séculière conformément aux Écritures : le « monde ». L'Église traite en effet avec l'État et les classes supérieures, stabilisant ainsi l'ordre social (Troeltsch, 1931a), devenant même « un objet de référence sociale » (Luca, 2004, p. 20). Il faut quand même remarquer qu'en rompant ainsi avec l'Église la *Secte* se place, par le fait même, en contestation dissidente à l'égard de la société (Luca, 2004).

En voulant poursuivre la tradition paulinienne dans sa pratique, laquelle incite à une attitude particulière envers le « monde », la *Secte* adopte généralement un comportement plus ou moins distant envers l'État (les instances politiques et juridiques) et la société (refus du système d'éducation, d'un travail séculier, de certaines pratiques médicales, des activités commerciales, des modes vestimentaires, du service militaire, etc.), qui va de l'indépendance à l'hostilité. Elle rejette aussi toute forme de pouvoir (politique ou juridique), n'acceptant que le seul et unique pouvoir de Dieu. « C'est d'ailleurs ce "pur évangile" qui leur interdit de se servir de la puissance, de la force et du droit[8] » (Troeltsch, 1961, p. 21).

---

8. Par contre, il semble que certains mouvements sectaires contemporains ont développé cette attitude paradoxale d'utiliser le droit lorsqu'il s'agit de faire reconnaître, par la société séculière, leurs comportements basés sur leurs croyances.

La *Secte* ne cherche pas à transformer le monde, mais plutôt à le fuir et à s'en échapper, le voyant comme un ennemi dont la fréquentation provoque la contagion de l'âme des individus qui le côtoient. Elle se place en opposition à tout ce qui ne concorde pas avec son idéologie religieuse, laquelle n'adhère pas aux modes de vie et de pensée du monde (Troeltsch, 1931a). Enfin, il semble que le code de vie du monde serait en quelque sorte une entrave à l'intensité recherchée (Séguy, 1999).

> Elle [la *Secte*] réduit donc, selon la mesure du possible, les contacts avec la société profane. Elle fait du critère religieux le mètre constamment utilisé de son rapport au monde, dont les distractions et les plaisirs, la culture aussi, se voient méprisés et rejetés. Dans cette perspective, l'ascèse s'impose évidemment à tous les membres de la *Secte*[9] (Séguy, 1980, p. 115).

Le deuxième aspect repéré par Troeltsch dans les livres bibliques se retrouve dans les formes de vie communautaire que la *Secte* choisit: statut égalitaire, valeurs de partage, d'amour et d'entraide où la notion de «fraternité» devient une valeur et où la *Secte* «revient, elle, à l'état des choses préecclésiastique et préscientifique» (Troeltsch, 1961, p. 19). Séguy nomme cette nostalgie de l'Église primitive le parcours socio-utopique ou encore la «fonction utopique de la tradition» (1999) qu'il explique bien ici:

> Mais il ne s'agit pas là d'une revendication de nature essentiellement historiciste (encore qu'elle y prétende éventuellement); il s'agit bien plutôt, dans l'invocation du projet fondateur, de réactiver ce que l'on perçoit comme ayant été aux origines, et de récupérer par là – dans une conscience renouvelée d'identité – une dynamique perdue (Séguy, 1999, p. 18).

Par ailleurs, Georg Simmel a développé un type sociologique d'un autre corps religieux, la *Société secrète,* qui comporte des caractéristiques semblables à celles du type *Secte* de Weber.

> La société secrète comme forme de socialisation repose sur une forte confiance réciproque entre les membres et engendre, secret oblige, une certaine séparation par rapport à l'environnement social (Hervieu-Léger et Willaime, 2001, p. 130).

De plus, Hervieu-Léger et Willaime (2001) et Hervieu-Léger (2001) affirment que cette séparation d'avec le monde constitue une valeur partagée par les membres de la *Société secrète* au nom d'une croyance en une certaine supériorité de ses adeptes sur le reste de la société. Dans ce cas précis, l'organisation a tendance à se refermer sur elle-même (Simmel, 1999) et le type de leadership peut aisément s'apparenter à celui des groupes

---

9. Nous ajoutons: dans certains cas, dont aussi les enfants.

plus radicaux du type *Secte*. Simmel parle de despotisme et d'individus tellement identifiés à leur fonction et à leurs responsabilités de membres du groupe qu'une partie de leur individualité et de leur personnalité disparaît (Simmel, 1999).

1.1.3. LES TYPES D'AFFILIATIONS RELIGIEUSES ET LES CRITÈRES D'ADHÉSION

La typologie troeltsch-wébérienne place en contraste une religiosité d'«intensité radicale» avec une religion d'«extension et de compromis» (Séguy, 1980, 1999; Luca, 2004), une «religiosité de masse» avec une «religiosité de virtuoses» (Fleury, 2001; Weber, 1996), ce qui définit la *Secte* comme étant une «société religieuse fermée» et l'*Église*, une «société religieuse ouverte» (Willaime, 1999).

Comme nous l'avons vu précédemment, le type *Église* a une «existence [qui] ne dépend pas de la volonté des membres. On n'y adhère pas, mais on se trouve membre d'une institution par naissance, par éducation ou du fait des circonstances de la vie» (Freund, 1986, p. 106). Parallèlement, le type *Secte* de Weber se définit comme une organisation religieuse, une société (en opposition à *communauté*) (Willaime, 1995; Weber, 1995b) créée par une «association volontaire, exclusive, de ceux qui sont religieusement ou moralement qualifiés pour y adhérer» (Weber, 1964, p. 258).

Il ne peut donc être question des mêmes critères d'affiliation pour devenir membre de l'*Église* ou de la *Secte*. Formée généralement d'un petit groupe à tendance élitiste, la *Secte* invite habituellement ses membres par la route de la conversion. Ce changement de vie radical doit être perpétué quotidiennement par un engagement personnel visible et par un «constant examen à la lumière de l'idéal néo-testamentaire avoué, et de revivification de ses croyances et pratiques» (Séguy, 1980, p. 113). La religiosité sectaire est ainsi dépendante de la sphère privée des individus.

Jugeant que l'*Église* relâche trop ses critères d'éthique chrétienne, la religiosité sectaire fait de l'ascétisme son essence en appliquant un rigorisme éthique (Weber, 1985). La *Secte* possède en effet des critères d'acceptation moralement élevés. C'est par leurs conduites sociales et par leurs actions, interprétées comme le reflet de la pureté de l'âme et de la qualité de la relation à Dieu, que les membres sont acceptés au sein de la *Secte* et non par naissance. Bien plus, les membres doivent prouver (*Bewährung*) régulièrement leur «qualification religieuse» par leur conduite (Weber, 1964) et leurs efforts de sanctification. En outre, ils doivent démontrer que leur âme est digne de l'adhésion au groupe, en visant la perfection, «D'où une introspection, une tension éthique, un sérieux de la piété, une surveillance de soi et des autres qui sont de tous les instants» (Séguy, 1980, p. 112). La relation de «frère» à «frère» permet la réprimande et la correction au nom de l'amour, qui devient peu à peu une «discipline morale extraordinairement rigide des communautés [...]» (Weber, 1964, p. 277-278). Nous retrouvons d'ailleurs encore aujourd'hui ce «principe qui était une conséquence inévitable de l'intérêt que l'on portait au maintien de la pureté de la communauté sacramentelle [...]» (Weber, 1964, p. 277-278). Weber remarque de plus que la dimension du groupe, qui est généralement petite, contribue à cet examen du fait que les membres se connaissent intimement et qu'ils peuvent se juger et se superviser mutuellement (Weber, 1964, 1985). Plus important encore, la *Secte* cherche à obtenir le «monopole de l'interprétation et de la pratique légitime» (Séguy, 1999, p. 18). Cette structure de *groupement* «à laquelle on adhère sans obligation [...] comporte donc une autorité qui va jusqu'à déterminer le sens de l'activité [...]» (Freund, 1986, p.107).

> En faisant dépendre la qualité de l'action religieuse de certaines qualités éthiques des membres, pris individuellement, la « *Secte* » contraint chacun de ceux-ci à attester, à confirmer devant les autres la possession de ces qualités, ce qui constitue un facteur puissant d'inculcation. [...] La *Secte* est toute entière orientée vers la mise en œuvre de l'éthique religieuse (Grossein, 1996, p. 75-76).

C'est pourquoi il existe une distinction importante entre les adeptes et les gens qui ne font pas partie du groupe, ce que Willaime appelle *l'in group* et *l'out group* (1999), et c'est la «communauté [qui] constitue l'appareil de sélection qui sépare les personnes qualifiées des personnes non qualifiées [...].» (Weber, 1996, p. 318). Plutôt que par une extension, la *Secte* se caractérise par l'intensité de l'engagement personnel qu'elle exige de ses membres constamment (Hervieu-Léger, 2001).

Ces adeptes religieusement ou moralement (Weber, 1964) qualifiés (par leur conduite), que Weber nomme les *virtuoses* religieux, sont perçus comme les porteurs de la révélation, concept qui contraste avec le «charisme de fonction» (Weber, 1995b) qui objective la tradition (Weber, 1985). La *Secte* refuse de reconnaître le charisme objectivé du prêtre qui, sans égard à son état de sainteté ou à sa pratique morale, est doté au sein de l'Église de pouvoirs sacramentels et enseigne la voie à suivre aux fidèles par la prédication. La *Secte* réagit à cette objectivation exagérée de l'*Église*:

> C'est seulement lorsque l'objectivation de l'Église a été développée entièrement que la tendance sectaire s'est imposée et a réagi contre l'objectivation excessive (Troeltsch, 1931a, p. 343).

La *Secte* s'oppose au fait que « […] la grâce salvifique [soit] objectivement véhiculée – selon elle [l'Église] – par ses croyances, ses pratiques, son organisation hiérarchique » (Séguy, 1980, p. 102). Weber explicite :

> Pour être telle, une *Secte* doit nécessairement, dans son esprit et sa nature, renoncer à l'universalité et reposer sur un accord totalement libre de ses membres. Il doit en aller ainsi, parce que la *Secte* veut être une formation aristocratique : une association de personnes pleinement *qualifiées* religieusement, et uniquement de ces personnes ; elle ne veut pas être, comme une Église, une institution pour la grâce *(Gnadenanstalt)*, qui entend éclairer les justes et les injustes, et placer le plus grand nombre de pécheurs sous la férule du commandement divin. La *Secte* nourrit l'idéal de l'*ecclesia pura* (d'où le nom de « puritain »), l'idéal de la communion *visible* des saints, d'où sont exclues les brebis galeuses, afin que celles-ci n'offensent pas le regard de Dieu. Dans son type le plus pur du moins, elle rejette la grâce institutionnelle *(Anstaltsgnade)* et le charisme de fonction (1996, p. 318).

L'objectivation de la distribution de la grâce du type *Église*, par l'établissement des sacrements par exemple, est remplacée ici par l'idée de la sainteté subjective (Troeltsch, 1931a). Cette théologie appuie la croyance selon laquelle chaque membre, par son état de sainteté, se trouve en communion spirituelle avec chacun. Les adeptes forment de cette manière, pour les croyants, le corps mystique du Christ où les assemblées en deviennent la manifestation visible (Séguy, 1980). Weber partage cette vision de la *Secte* :

> En ceci l'importance de la secte se déploie au-delà de la sphère religieuse. […] D'une part, l'idée que les qualifications religieuses conférées à l'individu par Dieu sont les seules qui procurent son salut, qu'aucune forme de magie sacramentelle est utile pour lui ici, que seulement sa conduite pratique, sa « probation », peut être appréhendée comme un *symptôme* qu'il est sur la voie du salut, place l'individu absolument seul devant la question la plus importante pour lui. D'autre part, cette qualification par l'auto-probation apparaît exclusivement comme la fondation de l'union sociale de la congrégation (1985, p. 10).

Par ailleurs, l'*Église*, par sa mission fondatrice, se veut universelle et, à cet effet, veut adopter les différentes cultures et sociétés. Or, comme nous l'avons vu plus tôt, elle traite aisément avec la société environnante, notamment avec l'État, afin d'établir son universalité. Religiosité de masse, elle accepte en son sein tout type d'individus, indépendamment de son degré de *virtuosité* religieuse, rejetant uniquement les rebelles à son autorité (par le moyen de l'excommunication).

Ainsi donc, Weber et Troeltsch distinguent la nature inclusive du type *Église*, qui est ouvert à tous les types d'individus – du pécheur au virtuose –, de la nature exclusive du type *Secte* dont l'affiliation doit se mériter par une conversion radicale et un engagement continuel faisant « preuve » de la pureté de l'adepte aux yeux de Dieu.

Les deux types *Église* et *Secte* opèrent donc selon une même logique « ancrée dans un rapport spécifique à Dieu » (Grossein, 1996, p. 76) et une rationalité qui prend sa source dans les Évangiles (Troeltsch, 1931a, 1961). La recherche d'extension de l'*Église* motive à la fois son compromis avec la société profane et son ouverture à la multitude, alors que ce que recherche avant tout la *Secte*, c'est la quête d'authenticité et d'intensité. Malgré leur opposition constante, les deux types partagent le fait qu'ils se croient les seuls à posséder la vérité et que, comme dans un jeu de miroirs, la *Secte* voit l'*Église* fondée sur une terre du mal, une Église corrompue et indigne, tandis que l'*Église* perçoit la *Secte* un peu comme des loups errants dans la bergerie, des *faux prophètes* guidant mal les brebis égarées.

1.2. UNE CRITIQUE DE LA TYPOLOGIE CLASSIQUE

Bien que la typologie comparative de Weber et Troeltsch ait su apporter un éclairage sans précédent à la compréhension du phénomène de la secte, plus d'un sociologue y trouve des failles et la critique. Certains la rejettent, mais la plupart tentent de la compléter, soit en y ajoutant d'autres idéaux-types, soit en subdivisant le type *Secte* en plusieurs catégories (Willaime, 1999). Le premier argument consiste à voir dans cette typologie une limite de catégorisation en l'accusant d'avoir été conçue sans tenir compte du fait que le type *Église* ne peut s'appliquer aux religions non chrétiennes ou polythéistes. Champion et Cohen abondent dans ce sens :

> Précisons aussi que, selon nous, la typologie de Weber et Troeltsch est d'une extension limitée : elle ne peut s'appliquer qu'aux sociétés où religion et social ne se confondent pas, où il existe donc un « champ religieux » spécifique, c'est-à-dire essentiellement aux sociétés chrétiennes (1999, p. 76).

S'ajoute ensuite la question de la dichotomie *Secte/Église* qui, selon Bryan Wilson et Peter L. Berger, semble n'être plus vraiment existante dans le monde pluraliste des sociétés modernes. D'ailleurs, allèguent-ils, toute une génération (depuis les années 1970) n'a pas vraiment connu de religion traditionnelle (Wilson, 1990) si ce n'est que par la transmission d'une mémoire nostalgique d'un patrimoine culturel. ·

Stark et Bainbridge (1985) estiment à leur tour que cette typologie demeure difficile d'application à notre époque. Il semble qu'il soit ardu de placer un groupe religieux dans cette grille sans qu'il constitue une exception à la règle. Johnson soutient ce constat : « Si les éléments varient indépendamment, la classification des cas mixtes devient une tâche presque impossible » (1963, p. 541). Dans la même veine, Champion et Cohen affirment :

> Il paraît nécessaire de reconnaître que la typologie classique des groupements religieux est incapable de rendre compte de la plupart des mouvements apparus au cours des dernières décennies si l'on veut sauvegarder la précision des idéaux-types construits par Weber et Troeltsch (1999, p. 74).

Par contre, les auteures soulignent que la typologie n'a pas comme but le simple classement d'un groupe s'il « ne permet pas de comprendre les situations socioreligieuses historiques » (Champion et Cohen, 1999, p. 76). Comme nous l'avons vu précédemment, Troeltsch a défini ces idéaux-types à partir d'un développement sociohistorique des groupes religieux chrétiens.

Critiquant maintenant l'opposition fondamentale qui devrait nourrir le rapport des deux types *Secte/Église*, Stark et Bainbridge affirment que de nombreux mouvements naissent à partir d'une ouverture à d'autres traditions religieuses, non pas à partir de scissions. « Aujourd'hui, cette opposition, ajoutent Champion et Cohen, ne permet plus de comprendre les nouveaux groupes, ni le fonctionnement global du champ religieux » (1999, p. 34). Cependant, Stark et Bainbridge s'accordent avec les deux théoriciens allemands pour affirmer qu'aucune institution religieuse ne peut appartenir aux deux types *Secte/Église* en même temps.

> Nos résultats théoriques démontrent qu'aucune institution religieuse ne peut servir toute l'économie religieuse entière, qu'aucune institution ne peut être à la fois une Église et une secte (Stark et Bainbridge, 1985, p. 114).

Mais c'est sans aucun doute l'Américain Benton Johnson qui a critiqué le plus radicalement l'approche troeltsch-wébérienne (1957, 1963, 1971), écartant par le fait même toute typologie découlant d'elle, en accord ou en opposition. Qualifiant cette typologie d'« artificielle », il démontre que le type *Église* ne se retrouve ni en Europe ni aux États-Unis où il est difficile de trouver une religion traditionnelle qui bénéficie de l'appui constant de la grande majorité de la population. Il renchérit en affirmant que la plupart des religions états-uniennes ne se retrouvent ni dans l'un, ni dans l'autre type de Troeltsch.

Nous laisserons le dernier mot de cette section à Danièle Hervieu-Léger (2001) qui a bien situé les causes du problème de frustration que vivent certains sociologues au regard de cette typologie. Elle précise d'emblée que ces derniers, voulant se distancer de la définition péjorative de la secte, ont utilisé, peut-être abusivement, l'expression «secte au sens sociologique du terme» en se reportant constamment à la typologie troeltsch-wébérienne. Hervieu-Léger rejoint ici les commentaires antérieurs de Champion et Cohen:

> Ces distorsions sont de deux ordres: la première consiste à en étendre l'application à l'ensemble du paysage religieux contemporain alors qu'elle a été élaborée pour identifier les formes historiques de la communalisation chrétienne. La seconde, généralement greffée sur la précédente, est de la faire servir à l'évaluation de la plus ou moins grande affinité de chacune de ces formes de communalisation avec les valeurs de la société contemporaine. De ce double mouvement, les notions classiques sortent passablement dénaturées (Hervieu-Léger, 2001, p. 144).

À cet effet, Hervieu-Léger atteste qu'à peu près l'unique élément retenu du type *Église* par les sociologues contemporains demeure son rapport fluide avec l'environnement social caractérisé par sa compatibilité et sa volonté d'accommodement. Du type *Secte*, c'est surtout le critère de l'éthique radicale et exigeante teintant toutes les facettes de la vie de l'adepte qui est retenu. Il sera ainsi facile pour certains de conclure qu'une opposition entre la liberté et la croyance religieuse est évidente. En conséquence, la définition wébérienne de la *Secte*, fondée sur une association volontaire de croyants, perd ici son sens premier par ces distorsions et se voit transformée peu à peu en organisation à laquelle l'adhésion comporte un risque religieux (Hervieu-Léger, 2001).

> À ce point, il ne reste évidemment plus grand-chose de la description sociologique classique des formes de la communalisation religieuse, et le malentendu s'accuse encore du fait que cette réinterprétation est mise – de façon tout à fait transparente – au service de l'établissement d'une échelle du risque socioreligieux. Confrontés à ce qu'ils considèrent comme un détournement de leurs outils, les sociologues font valoir que les notions classiques de secte et d'Église ont été forgées comme des types idéaux de groupements *chrétiens* et qu'elles se laissent fort mal transposer en dehors de ce cadre (Hervieu-Léger, 2001, p. 145).

En somme, oubliant parfois que Weber et Troeltsch ont défini leurs types à partir de leurs tangentes théologiques, certains sociologues pratiquent finalement «la "mise hors contexte" de la typologie classique [qui] la fait servir de façon tout à fait hasardeuse à une classification statique des groupes religieux, sans grand rapport avec le propos des deux sociologues allemands » (Hervieu-Léger, 2001, p. 145).

1.3. LA SECTE : FORME SOCIALE DE LA RELIGION

Dans le champ sociologique, les théoriciens ont institué différentes typologies, soit en réaction à la typologie de Weber et Troeltsch (Dawson, 1997), soit fondées sur elle. D'une manière ou d'une autre, il n'existe pas encore de consensus en sociologie sur cette matière (Dawson, 1998 ; Johnson, 1971). Devant l'ampleur de la documentation sur le sujet, nous ne présentons ici qu'une brève description des théories choisies en fonction de leur pertinence, qui nous permettra de saisir un peu plus, lors de l'analyse, ce qu'est la secte comme lieu culturel d'éducation et de croissance pour les enfants, spécialement dans les groupes d'inspiration chrétienne.

1.3.1. LE DÉVELOPPEMENT DE LA SECTE

Partant de la typologie de Troeltsch et de Weber, beaucoup de travaux se sont centrés sur la manière dont un groupe religieux peut se développer. En effet, de type *Secte*, il semble qu'une organisation religieuse puisse se transformer en type *Église*. Le théologien et sociologue H. Richard Niebuhr a contribué largement à cette approche en analysant la dynamique instable de la *Secte* et en voyant une continuité évidente entre sa forme et celle de l'*Église* (1929). La durée dans le temps, qui forcerait la *Secte* à entretenir un rapport avec la société séculière et qui lui ferait perdre sa ferveur initiale (Stark et Bainbridge, 1985), donnerait lieu à un développement de la forme *Église*. Le phénomène inverse peut également survenir lorsqu'au sein d'une *Église* naissent de nouvelles idéologies qui, peu à peu, permettent à un petit groupe de rompre avec elle et de devenir *Secte* (Niebuhr, 1929). Dès lors, nous assisterions à « un cycle sans fin de naissance, de transformation, de schisme et de renaissance de mouvements religieux » (Stark et Bainbridge, 1985, p. 22-23). Troeltsch[10] avait prédit cette vision et l'avait déjà contestée :

> En réalité, les sectes sont essentiellement différentes de l'Église et des églises. Le mot « secte » ne signifie cependant pas que ces mouvements constituent des expressions sous-développées du type-Église ; il représente un type sociologique indépendant de la pensée chrétienne (Troeltsch, 1931a, p. 338).

---

10. D'autres sociologues, dont Stark et Bainbridge, arguent que ce genre de développement est fondé sur le modèle de l'histoire américaine (Dawson, 1998).

Par ailleurs, il arrive que certaines sectes soient socialement acceptées. Niebuhr les classe selon un nouveau type, la *Dénomination*, définie comme étant une «association volontaire de croyants» qui accepte les valeurs de la société séculière et de l'État (1929). Ainsi, nous retrouvons sous le même idéal-type – comme si on avait voulu métisser les deux genres – deux caractéristiques appartenant respectivement aux deux types idéaux de l'*Église* et de la *Secte* de Weber et Troeltsch.

Ce qui rend possible ce déploiement (de la *Secte* vers la *Dénomination* ou l'*Église*), c'est la deuxième génération née au sein de la *Secte* qui, selon Niebuhr, ne vit pas la même intensité religieuse que celle de ses parents dans son engagement ou son rapport avec la société environnante. En fait, Niebuhr prétend que le type *Secte* peut exister *uniquement* par la première génération de croyants et que c'est la deuxième génération qui fait en sorte qu'il se transforme en type *Église* ou en type *Dénomination*. Niebuhr défend lui-même sa théorie:

> Par sa nature propre, le type d'organisation sectaire n'est valide que pour une seule génération. Les enfants nés de membres volontaires de la première génération commencent à faire de la secte une Église bien avant qu'ils arrivent à l'âge de raison... Rarement une seconde génération tient aux convictions qu'elle a héritées avec autant de ferveur que ses fondateurs, qui ont soutenu leurs convictions dans le feu du conflit et au risque du martyr. De génération en génération, l'isolement de la communauté du reste du monde devient plus difficile (Niebuhr, 1929, p. 19-20).

Le sociologue des religions britannique, Bryan Wilson, qui a collaboré largement à la compréhension du développement des sectes, conteste cette affirmation. Il atteste que ce concept instaure une généralisation non fondée. Il soutient que les études empiriques ont démontré qu'en dépit d'une deuxième ou troisième génération le type *Secte* survit très bien. Même si des enfants sont nés au sein de la *Secte*, il n'en demeure pas moins que, contrairement à l'*Église*, ils sont considérés comme des gens à recruter. Ils sont donc socialisés en fonction d'un engagement éventuel, lequel n'est pas tenu pour acquis de la part des parents, ce qui peut rendre parfois la relation parentale imbue de prosélytisme. La deuxième génération représente pour eux une population à gagner, une ferveur à créer, un dynamisme à motiver. Dans cette perspective, Wilson considère plutôt les éléments suivants afin d'évaluer si la *Secte* se développera ou non en *Dénomination*: les circonstances dans lesquelles la secte émerge, la structure interne de l'organisation, le degré de séparation d'avec le monde extérieur, la cohérence des valeurs de la secte, les engagements du groupe et les relations (1959).

Le recrutement de la seconde génération constitue aussi un aspect de l'évangélisation. Il comporte des problèmes similaires aux tests d'admission et au processus de socialisation des nouveaux venus. Niebuhr, et subséquemment Pope[11], indique une tension clé pour l'organisation sectaire qui reconnaît l'importance d'admettre la seconde génération. C'est une sursimplification de dire cependant que la seconde génération fait de la secte une dénomination. [...] un tel développement dépend des critères d'admission imposés par la secte, la rigueur antérieure avec laquelle les enfants ont été gardés séparés du monde, et du point d'équilibre entre le désir naturel des parents de voir leurs enfants prendre part au salut et leur conscience de la vision communautaire que tout type de salut dépend du maintien des standards doctrinaux et moraux (Wilson, 1959, p. 11).

1.3.2. LA SECTE, UNE FORME DE RELIGION EN TENSION AVEC LA SOCIÉTÉ

Malgré certaines divergences, les sociologues s'entendent pour dire que, plutôt que de se trouver en opposition à l'Église, la *Secte* contemporaine se situe d'abord en marge de la société moderne (Wilson, 1990; Luca et Lenoir, 1998; Champion et Cohen, 1999) et porte une «dimension contestataire qui justifie sa conception d'un monde meilleur» (Luca et Lenoir, 1998, p. 142). Berger met en lien ce regard sur la société avec les croyances internes de la *Secte*:

> L'attitude envers le monde détermine largement la structure sociale interne de la secte. Ce fait est d'une importance fondamentale. Dans sa structure sociale, la secte se constitue de façon à rendre possible l'exécution de la mission qu'elle croit avoir dans le monde (1964, p. 479).

C'est dorénavant la rupture avec le monde qui constitue la distinction principale entre les types *Église, Secte* et *Dénomination*. Certains sociologues contemporains ont élaboré des théories à partir du degré de distanciation de la *Secte* avec la société dominante. Wilson considère que ce qui caractérise le plus le rapport société séculière/*Secte* est la *tension* qui l'habite:

> Presque par définition, comme il est communément utilisé, le terme «secte» (ou «culte») implique la probabilité d'une tension avec la société. Alors que la «secte» a déjà été vue comme une opposition explicite à l'«Église», aujourd'hui, dans la société sécularisée où les dénominations majeures se sont développées ensemble l'une près de l'autre, la secte est vue plus nettement comme un défi à

---

11. Voir Niebuhr, 1929; Pope, 1942, p. 118 et suiv.

la société dans son ensemble. Le défi n'est pas autant envers les croyances religieuses conventionnelles qu'envers les mœurs sociales générales sécularisées (Wilson, 1990, p. 47).

Selon Wilson, le dénominateur commun des sectes est la promesse d'une sécurité face au chaos de la société environnante (1990). La *Secte* rejette les valeurs[12] de la société moderne et conséquemment refuse (à différents degrés selon les groupes) sa politique, son économie, ses systèmes d'éducation et de santé, ses loisirs et sa défense nationale, couvrant ainsi de façon complète l'institution sociétale moderne (Wilson, 1990). Quant au pouvoir séculier, il est appréhendé par la *Secte* comme étant nécessairement mauvais, voire satanique (Luca, 2004).

La notion de tension intéresse également le sociologue Benton Johnson. Il cherche des propriétés communes aux groupes religieux et trouve que la valeur « acceptation/rejet » de l'environnement social peut très bien constituer une variable unique selon laquelle les distinctions entre *Église* et *Secte* peuvent être groupées. Il définit ainsi de façon irréductible les deux types : « Une Église est un groupe religieux qui accepte l'environ- nement social dans lequel il existe. Une secte est un groupe religieux qui rejette l'environnement social dans lequel elle existe » (Johnson, 1963, p. 542[13]). Les deux idéaux-types se positionnent aux deux pôles d'un axe qui représente le degré de tension qui existe entre le groupe religieux et la société environnante. Malgré sa simplicité, cette typologie s'applique à toutes les formes d'organisation religieuse et a l'avantage d'être fondée sur un élément tiré de la typologie troeltsch-wébérienne (Johnson, 1971). Johnson résume bien :

> Premièrement, comme une secte tend à être dans un état de tension avec son environnement, nous pouvons supposer à coup sûr que les religions qui se sont totalement retirées de toute participation en société ou qui se sont engagées dans une attaque ouverte contre celle-ci se retrouvent probablement près de l'extrémité du pôle secte. De même, nous pouvons présumer que les religions qui font respecter par leurs adeptes des normes qui sont nettement distinctes des normes communes des quartiers séculiers devraient être classées comme relativement sectaires. D'autre part, les Églises sont relati- vement à l'aise avec les valeurs établies et les pratiques de la société. Conséquemment, nous sommes probablement justifiés de classer comme églises ces religions qui comprennent la société entière ou, du moins, ses classes dominantes (Johnson, 1963, p. 544).

---

12. Il en sera question plus longuement dans le prochain chapitre.
13. Voir aussi Johnson, 1957 ; 1971.

Ici encore, la *Secte* peut se développer en *Église*. D'un côté, nous retrouvons la *Secte* qui se situe tellement en opposition avec l'environnement que les membres sont vus souvent comme des fugitifs qu'on veut chasser. De l'autre côté, l'*Église* est à ce point en harmonie avec la société qu'il n'y a presque plus de tension apparente (Stark et Bainbridge, 1985). Ainsi, un mouvement qui se dirige vers une moins grande tension avec la société est considéré comme un *mouvement d'Église* alors qu'un mouvement qui se dirige vers le pôle de la tension avec la société peut être vu comme un *mouvement sectaire*. La marginalité correspond bien sûr au plus haut degré de tension.

Il existe deux formes de séparation manifestant la contestation : d'une part, l'isolement (*isolation*) (Wilson, 1959), qui forme la secte *extramondaine* (Luca et Lenoir, 1998) où l'on pratique l'ascétisme *hors du monde* (Weber, 1995b) et, d'autre part, l'isolation (*insolation*) (Wilson, 1959), qui se manifeste chez la secte *intramondaine* (Luca et Lenoir, 1998) par un ascétisme *dans le monde* (Weber, 1995b). Wilson explique ici le concept de l'isolement, qui se retrouve surtout dans les groupes à caractère communautaire :

> L'isolement peut être consciemment conçu ou inconsciemment accepté. Il peut se constituer en un isolement physique dans lequel l'isolement social est nécessairement implicite, mais ceci se concrétise plus facilement uniquement dans les groupes qui acceptent un type d'organisation communautaire ; une telle organisation, en retour, agit davantage comme mécanisme isolateur (Wilson, 1959, p. 10).

L'isolement vise bien sûr à maintenir la séparation sociale d'avec le « monde » défini par la secte isolée comme étant un lieu de perdition. À son extrême, l'isolement forme une *encapsulation* (Stark et Bainbridge, 1985) où la secte réussit à survivre uniquement par le moyen de la procréation, le recrutement de nouveaux adeptes étant devenu extrêmement difficile à cause du trop grand écart – de mentalité, de langage ou de comportement – avec les membres de la société environnante. Sans la naissance de nouvelles recrues, un groupe trop isolé risque de mourir (Stark et Bainbridge, 1985).

L'adepte isolé du monde choisit de s'en retirer afin de se comporter selon l'éthique et les règles qu'il croit commandées par Dieu. Son ascèse vise à préserver son état de grâce et à se protéger de la tentation toujours présente dans le monde (Weber, 1995b). « L'ascète en rejette le caractère empirique, éthiquement irrationnel, de chose créée, les tentations éthiques des plaisirs mondains, la jouissance et le délassement dans ses joies et ses dons » (Weber, 1995b, p. 315).

L'isolation[14] se vit différemment de l'isolement : même si elle permet le contact extérieur, elle se retrouve dans la manière de penser et d'agir des individus plus que dans le retrait physique, créant ainsi une séparation symbolique. Wilson définit bien ici la notion d'isolation :

> L'isolation consiste en des règles comportementales calculées pour protéger les valeurs sectaires en réduisant l'influence du monde extérieur lorsqu'un contact nécessaire se produit (1959, p. 11).

L'isolation, cette exigence morale de la secte, est justifiée par la doctrine ou la Bible. Considérons, par exemple, un code vestimentaire particulier ou encore l'endogamie comme mécanismes d'isolation. L'attitude parfois hautaine et supérieure créée par le sentiment élitiste constitue un autre exemple significatif.

Malgré un contact possible avec le monde, il n'en reste pas moins que l'isolation demeure une forme d'ascétisme. L'ascète voit en effet le monde comme étant un espace où il doit œuvrer sans jouir des plaisirs de la vie mondaine. Motivé par une conduite personnelle rationnellement systématisée, il rejette l'irrationalité éthique des gens du monde (Weber, 1995b). « Le but spécifique demeure la maîtrise méthodique, [toujours] "en éveil", de la conduite personnelle » (Weber, 1995b, p. 310).

La secte ainsi isolée, *encapsulée* (Stark et Bainbridge, 1985), forme un système social complet (Dawson, 1998). Toute société doit exister sous certaines conditions si elle veut survivre. Notamment, elle doit pouvoir donner et recevoir une contre-réaction, qu'elle provienne de l'extérieur ou de l'intérieur, et elle doit être en mesure d'établir clairement ses frontières. Alors que, même si une rétroaction négative remplit une fonction régulatrice au sein de toute société, dans le cas de la secte, elle vient confirmer ses croyances, provoquer la nature autoritaire du chef (si c'est le cas) et accentuer sa tendance à l'isolement ou à l'isolation (Dawson, 1998). Dawson affirme que toute interférence avec une de ces deux exigences peut conduire à un dysfonctionnement du système social (1998). Un isolement trop serré ne permet plus d'identifier, à l'intérieur d'un groupe, des comportements malsains, voire abusifs (Dawson, 1998). L'isolement, tant physique que social, dans cette perspective, ne permet pas une croissance saine de la société sectaire :

> L'augmentation de l'isolement causée par la spirale de l'amplification déviante, caractéristique de plusieurs groupes apocalyptiques dirigés à la manière charismatique, peut avoir un effet perturbateur

---

14. La métaphore comparant l'isolation d'un groupe contre la société environnante avec l'isolation (au sens calorifuge) d'une maison contre le froid est sans aucun doute très appropriée.

sur le fonctionnement des NMR comme systèmes sociaux. L'isolement empêche souvent les groupes de recevoir suffisamment de
feed-back et augmente la menace qu'ils ressentent de toute incursion
à l'intérieur de leurs frontières (Dawson, 1998, p. 148).

Nathalie Luca établit la fermeture du système de communication
comme base de l'isolement de la secte. Elle distingue trois niveaux de fermeture : les alliances matrimoniales, les activités économiques et le langage
(2004). Elle considère également l'isolement d'un groupe, d'un point de
vue sociologique, comme malsain :

> Sa fermeture signe sa destruction. Lorsqu'une communauté se
> coupe simultanément de liens extérieurs sur ces trois niveaux, elle
> s'exclut de la société et se ferme entièrement sur elle-même. Les
> communautés aux dérives mortifères ont en commun cet isolement
> radical (Luca, 2004, p. 56).

Le premier niveau, les alliances matrimoniales, comporte la pratique
de l'endogamie où le métissage avec des gens, non croyants ou non membres
de la secte, est perçu comme une menace. Dès lors, il est tout à fait interdit.
Le deuxième niveau, la fermeture du système de communication sur le
plan des activités économiques, peut viser l'indépendance matérielle à un
haut degré. Certains groupes arrivent à subsister par la création d'entreprises
où la main-d'œuvre ne coûte rien (car ce sont les membres qui y travaillent
sans rémunération monétaire) ou encore par des donations généreuses de
la part des nouvelles recrues. D'autres cherchent à produire leur propre
électricité et leur propre culture maraîchère, élèvent leur propre bétail,
fabriquent de façon artisanale leur savon et autres besoins de nettoyage,
produisent leurs propres produits alimentaires. Bref, ils cherchent à acquérir
la totale indépendance[15] et la rupture la plus complète avec la société
environnante.

Le dernier niveau, celui du langage, est celui qui nous intéresse un
peu plus particulièrement, car il est une composante importante de la
socialisation première des enfants. Comme l'affirme Wilson, l'isolement
peut être linguistique (1959). Le langage collabore à l'enfermement, de
manière symbolique, mais aussi de façon réelle lorsque la secte, par exemple,
empêche la communication avec des gens à l'extérieur du groupe. Les
définitions des mots, prenant de plus en plus la couleur de la croyance
religieuse, finissent par changer de signification au point où la conception

---

15. Dans certains cas, cette indépendance vise l'autosuffisance en cas de sinistres
    apocalyptiques.

première et étymologique d'un mot n'existe plus. Ce phénomène se retrouve davantage chez les groupes religieux totalement fermés à la société globale (Luca, 2004).

> Mais le langage peut également devenir enfermant lorsque l'usage courant des mots est remplacé par un usage métaphorique exclusif qui crée un fossé entre son sens premier, connu de tous, et son sens second, connu des seuls initiés (Luca, 2004, p. 60).

Il se peut que ce fossé apparaisse si grand que l'adepte puisse devenir « enfermé dans un langage et dans un mode de pensée et de socialisation devenus inaccessibles pour les autres » (Luca, 2004, p. 74). Les enfants des sectes apprennent donc bien souvent le sens symbolique, voire la significa-tion doctrinale d'un mot sans qu'on leur ait d'abord transmis une définition courante ou étymologique.

Cette rupture avec le monde, Danièle Hervieu-Léger (2001) la définit comme étant une des modalités de la « dérive » ou du « dérapage » que peut vivre un groupe dont les membres cherchent de plus en plus à exceller dans le domaine de la virtuosité religieuse. Conduits par une utopie, vivant tout simplement un « rêve éveillé », les adeptes risquent de perdre tout contact avec la réalité. Ils établissent en effet dans cette société alternative des règles et des normes qui les détachent peu à peu de la réalité du monde extérieur. Mais ce qui est d'autant plus important, c'est que cette recherche de sens, si elle est menée à l'extrême, peut conduire l'individu à la perte de son autonomie :

> Mais la recherche d'une rupture aussi grande que possible avec la loi du monde et son remplacement par une loi nouvelle dont les adeptes doivent témoigner dans tous les aspects de leur vie peut conduire [...] à un renoncement individuel et collectif à l'autonomie et à une perte du sens des réalités de la vie ordinaire (Hervieu-Léger, 2001, p. 176).

Le « dérapage » provoqué par une rupture radicale avec le monde peut ainsi conduire les individus hors du réel, ou du moins, vers une vision du réel totalement teintée de symbolisme religieux. Le réel et le symbolique deviennent confondus : l'illusion est parfaite. À partir d'une insatisfaction du monde d'apparence naïve, un groupe coupé de la société risque de déraper au point que sa vision du réel puisse le rendre dangereux, tant psychologiquement que physiquement. Hervieu-Léger explicite :

> [...] le moment où le groupe (et chaque individu en son sein) replace spontanément la moindre des données et le plus anecdo-tique des signaux de la vie ordinaire à l'intérieur du récit merveilleux dont il se dote pour rendre compte de son histoire, de sa vocation et de son avenir. Lorsque la totalisation symbolique de l'existence

des fidèles («tout est signe») tend à devenir pour eux la réalité même, quand l'expression des espoirs et l'appréhension de la réalité se superposent, quand le groupe s'installe dans le «rêve éveillé», il y a un véritable risque de voir s'infléchir de façon dangereuse la conscience individuelle et collective des impératifs du réel. Les «immunités» psychologiques, sociales et culturelles qui retiennent les individus et les groupes sur la voie de la déréalisation font alors défaut (Hervieu-Léger, 2001, p. 177).

C'est pourquoi la qualité du rapport entre la *Secte* et la société environnante n'est donc pas anodine pour les sociologues. Ceux-ci y discernent probablement la clé nécessaire à la compréhension du problème social qu'est la *Secte*.

CHAPITRE 2

2

SOCIALISATION, ANOMIE ET INTÉGRATION SOCIALE

Comme nous l'avons évoqué dans notre introduction, le passage du milieu sectaire à la société globale, pour le membre d'une secte religieuse, se vit différemment selon que ce dernier fait partie des adeptes recrutés à l'âge adulte ou d'une génération qui a grandi au sein du groupe. Dans le cas des fondamentalistes d'inspiration chrétienne que nous étudions, l'enfant qui vit au sein d'un milieu religieux relativement fermé à la société environnante y vit un processus de socialisation première marginalisé. Celui-ci favorise l'intériorisation de normes et de valeurs antimodernes par la transmission d'une vision du monde particulière. De ce fait, transiter du monde sectaire vers la société risque de susciter chez cet individu un sentiment anomique et un conflit de valeurs. Pour bien saisir cette problématique, il nous apparaît nécessaire ici d'examiner plus précisément les notions de socialisation, d'anomie et d'intégration sociale.

2.1. LA SOCIALISATION

Certaines divergences théoriques subsistent au sein des spécialistes des nouveaux mouvements religieux en ce qui concerne la socialisation de l'enfant en milieu sectaire. Alors que certains sont enclins à croire que l'enfant, même au sein d'une *Secte*, demeure un acteur social compétent de «constructeur de sens» (Palmer et Hardman, 1999), d'autres estiment plutôt que l'enfant demeure passif dans ce monde structurant. Selon cette perspective déterministe, la socialisation prend la forme de l'endoctrinement (Tobias et Lalich, 1994) et, par conséquent, l'identité de l'enfant ne peut se développer aisément. Palmer et Hardman situent bien le débat qui circule autour de la question de la socialisation des enfants, dont leur ouvrage est témoin:

> [...] le débat de la «socialisation passive» en opposition avec les «constructeurs de sens actifs» traverse cet ouvrage: c'est-à-dire, jusqu'à quel point les enfants sont «endoctrinés» ou qu'ils «choi-sissent librement» ces visions du monde alternatives (Palmer et Hardman, 1999, p. 2).

Notre étude vise entre autres à apporter un éclairage additionnel sur cette controverse, en mettant en relation les théories de la socialisation et de la sociologie religieuse avec l'analyse de nos données.

D'emblée, les théories culturalistes (Linton, 1986; Benedict, 1950; Kardiner, 1969) et fonctionnalistes (Parsons et Bales *et al.*, 1955) s'inscrivent dans une approche déterministe, alors que les théories constructivistes (Mead, 1963; Berger et Luckmann, 2003) conçoivent la socialisation fondée sur le processus de communication, s'inscrivant ainsi dans une tradition interactionniste. Soulignons toutefois que ces deux positions sont, en quelque sorte, idéaltypiques puisque tant le déterminisme absolu que l'indé-termination totale n'existent pas, les auteurs accentuant plutôt l'une ou l'autre des composantes de la socialisation.

Nous avons choisi d'examiner les théories constructivistes de la socia-lisation en nous attardant sur les approches de Berger et Luckmann (2003), inspirées elles-mêmes par celles de George H. Mead (1969). Les théoriciens conçoivent en effet la socialisation à partir de l'interaction entre acteurs sociaux. Ces théories nous semblent donc éclairantes, tant pour saisir la complexité de la socialisation première des individus vivant en milieu sectaire que pour comprendre l'impact d'une telle socialisation sur leur processus d'intégration en société après leur départ. C'est donc à la lumière des écrits de Bolliet et Schmitt (2002) ainsi que de ceux de Claude Dubar (1996), spécialiste de la socialisation, que nous avons établi notre cadre théorique.

2.1.1. DÉFINITION DE LA SOCIALISATION

La socialisation se définit comme étant le processus continu par lequel l'individu apprend et intériorise les normes, les rapports sociaux, les manières d'agir et de penser, les règles et les valeurs, en d'autres termes, la culture du groupe social auquel il appartient. C'est dans son rapport avec les trois principaux agents de socialisation – famille, école, pairs – que ce processus d'apprentissage et d'intériorisation de l'enfant prend forme et que l'individu développe son identité: le Soi (Mead, 1963) qui préparera adéquatement ce dernier à jouer son rôle en société.

Nous distinguons deux stades importants de socialisation : primaire (de l'enfant) et secondaire (adaptation des individus tout au long de leur vie).

Le processus de socialisation primaire, qui s'actualise dès la naissance, est caractérisé par l'incorporation d'un savoir de base : le langage (Schütz, 1967). Il se vit à partir du milieu d'appartenance de l'enfant, ce qui donne à la famille un rôle crucial, car c'est elle qui transmet le langage et les codes sociaux élémentaires de la vie en société. Tout le contenu de la socialisation de l'enfant dépend donc du milieu d'appartenance.

La socialisation primaire est très importante du fait qu'elle sert de base à la socialisation secondaire, qui, de son côté, concerne plutôt les savoirs spécifiques, comme le savoir professionnel. Cette dernière s'effectue surtout au contact d'institutions telles que l'entreprise, le parti politique, l'Église ou encore le club sportif.

Mentionnons finalement que la socialisation est un processus qui ne se termine jamais, car elle se réactive tout au long de la vie de l'individu.

2.1.2. L'APPROCHE CONSTRUCTIVISTE

La philosophie, par Hegel, a instauré des bases solides aux théorisations de la socialisation, notamment par la « théorie des trois mondes ». Les mondes subjectif, objectif et social agissent en effet comme « matrice d'une problématique opératoire du processus de socialisation *(Sozializierung)* conçu comme extériorisation du subjectif et intériorisation de l'objectif dans la constitution du monde social » (Dubar, 1996, p. 82). De plus, Jürgen Habermas (1987), reprenant Hegel, établit trois modèles de relation entre l'objet et le sujet : « la représentation symbolique, le processus du travail et l'interaction sur la base de la réciprocité » (p. 164). L'interaction, fondée sur la reconnaissance réciproque, sur la représentation symbolique et le langage, pose les fondements de la communication, notion centrale de la théorie du philosophe et psychosociologue américain George Herbert Mead. C'est ce que nous allons expliciter dans cette section.

La socialisation selon Mead

La théorie psychosociale de la socialisation de Mead (1969) s'articule autour de trois étapes distinctes du processus. Le premier stade est en quelque sorte l'apprentissage des rôles sociaux chez l'enfant par l'imitation, dans le jeu libre, des comportements des personnes influentes, les « autruis significatifs ». La deuxième étape se caractérise par l'intégration de l'enfant dans le jeu réglementé, favorisant ainsi l'apprentissage de conduites appropriées en société par l'identification à « l'autrui généralisé » : le groupe social. La dernière phase se distingue par la reconnaissance, par les différents acteurs sociaux, qu'un individu est maintenant membre à part entière d'une société, preuve tangible qu'il a intériorisé l'«esprit» (*Mind*) de ce groupe social et qu'il y joue un rôle actif. «En d'autres termes, l'identité n'est pas un "donné", mais elle est le résultat d'actes de reconnaissance sociale. Nous devenons ce que nous sommes aux yeux des autres» (Berger, 1973, p. 142).

Le processus de construction progressive de l'identité par l'édification de l'être social en contact constant avec les autres est fondamental chez Mead. L'interaction avec autrui est rendue possible par l'intermédiaire de gestes symboliques, le langage étant le plus utile. Il constitue en effet la forme de médiation la plus importante étant donné que les symboles, que sont les mots, ont la même signification pour tous les membres d'une même société. De plus, le langage suscite une réaction d'anticipation, d'ajustement et d'adaptation réciproque[1] des attitudes de la part des intervenants, car ces gestes symboliques (le langage comme action sociale) «font naître implicitement chez celui qui les accomplit la même réaction qu'ils font naître explicitement chez ceux à qui ils s'adressent» (Mead, 1963, p. 41).

Or, Mead définit l'identité sociale comme le Soi (*Self*), dédoublé par le Moi, partie de l'être qui intériorise les valeurs d'autrui, soit l'«esprit» (*Mind*) du groupe et le Je, partie active de l'individu qui joue son rôle. Le Moi, côté passif de l'individu, constitue la zone d'intériorisation et d'assimilation de l'autrui significatif (ou des autres, de sa communauté). Le Je demeure, tout au contraire, le côté actif de l'être, là où ses éléments d'originalité et de singularité émergent. La tension créée par ces deux compléments forme ainsi un Soi unique, nourri d'une part par un rapport subjectif à l'autre (aspect passif) et, d'autre part, par des éléments de sa créativité personnelle (aspect actif).

Le processus de socialisation dépend ainsi de l'unité de ces deux facettes de l'identité sociale. Précisons que cette union est fragile : Mead parle d'une possible «dissociation du Soi» (Mead, 1963). En effet, le Moi qui s'efforce de se conformer au groupe et le Je qui pourrait ne pas être reconnu et qui pourrait même être rejeté par un groupe, placent l'individu en constant conflit entre identité collective «synonyme de discipline, de conformisme et de passivité» (Dubar, 1996, p. 98) et identité individuelle, «synonyme d'originalité, de créativité» (Dubar, 1996, p. 98). Par contre, Dubar signale à juste titre, à propos de cette tendance conformiste, que :

> Ce qui importe dans ce processus, c'est le double mouvement par lequel les individus s'approprient subjectivement un «monde social», c'est-à-dire «l'esprit» (*Mind*) de la communauté à laquelle

---

1. Complétant ainsi la théorie de Piaget.

ils appartiennent et, en même temps, s'identifient à des rôles en apprenant à les jouer de manière personnelle et efficace (Dubar, 1996, p. 97).

Voilà les quelques mots qui distinguent cette théorisation des théories culturaliste et fonctionnaliste : «en apprenant à les jouer de manière personnelle et efficace». L'intériorisation ne peut être unique qu'à chaque personne. Elle permet alors à chaque individu, par ses attitudes et ses comportements, de s'affirmer de façon particulière et propre et de se définir en jouant un rôle que les autres significatifs reconnaissent. Cela fait que je suis moi et différent des autres. Or, mon interprétation intérieure de l'autre, c'est ma façon particulière de porter l'autre en moi. Gauchet confirme : « [...] l'appropriation des caractéristiques collectives reçues est le vecteur d'une singularisation personnelle» (1998, p. 125). Ce rapport avec autrui est particulier et l'identité dépend de ce rapport, car elle en est le produit.

Bolliet et Schmitt nous rappellent que ce qu'il est important de retenir de cette théorie de Mead, c'est que «l'individu est le produit de la société, en même temps qu'il contribue à la produire, à l'inventer» (2002, p. 39). Ce double mouvement suggère fortement que, même si la socialisation première d'un enfant laisse sa marque tout au long de sa vie, il n'en reste pas moins qu'il restera toujours un espace pour la créativité (Bolliet et Schmitt, 2002). Ainsi, si l'identité est un rapport à l'autre, la construction de l'identité est susceptible de ne jamais se terminer.

Berger et Luckmann, la construction sociale de la réalité

La théorie de la socialisation élaborée par Berger et Luckmann (2003) constitue en quelque sorte un prolongement de la pensée interactionniste symbolique de Mead. Ces auteurs apportent en effet des précisions concernant les socialisations primaire et secondaire en distinguant leur processus propre et leurs effets. Il s'agit donc de deux processus distincts que Dubar résume ainsi :

> Mais l'intérêt essentiel du texte de Berger et Luckmann réside dans la tentative de construire une théorie opératoire de la socialisation secondaire qui ne soit pas pure reproduction des mécanismes de la socialisation primaire (Dubar, 1996, p. 100).

Or, la notion de socialisation primaire, inspirée par le sociologue américain Charles H. Cooley, concerne la socialisation des enfants. Elle s'actualise par le lien affectif de l'enfant avec l'autre significatif : une interaction avec «un ordre culturel et social spécifique, qui est médiatisé pour lui [l'enfant] par les personnes significatives qui le prennent en charge» (Berger et Luckmann, 2003, p. 71). L'aspect émotionnel de ce rapport affectif donne un contexte particulier à l'apprentissage de l'enfant, permettant ainsi à la socialisation primaire de graver une empreinte profonde chez ce dernier.

De plus, l'attachement marqué que l'enfant a pour ses proches incite ce dernier à s'identifier à eux. Berger et Luckmann vont plus loin : « l'intériorisation n'apparaît qu'avec l'identification » (2003, p. 181). Par cette identification à ses proches, l'enfant fait siens les conduites et agissements de ses autres significatifs. En s'identifiant à eux, il permet le processus d'intériorisation.

Le concept de l'*autre généralisé* de Mead revient ici. En effet, l'intériorisation de cet autre généralisé (la société perçue par l'enfant comme un tout, comme un groupe social en soi) et sa reconnaissance des normes désignent une phase significative dans le processus de socialisation :

> Elle implique l'intériorisation de la société en tant que telle et de la réalité objective établie en son sein de même que, simultanément, l'établissement subjectif d'une identité continue et cohérente. La société, l'identité *et* la réalité sont subjectivement cristallisées dans le même processus d'intériorisation (Berger et Luckmann, 2003, p. 183).

Il s'installe alors une symétrie entre le regard de l'enfant sur la société objective et l'intériorisation subjective de ce monde, rapport qui participe à la réussite de la socialisation primaire. Cette symétrie s'établit facilement, car « Il n'y a pas de *problème* d'identification dans la socialisation primaire. Le choix des autres significatifs n'existe pas » (Berger et Luckmann, 2003, p. 184). Pour l'enfant, le monde proposé n'est pas une option ni un monde parmi tant d'autres. « Il l'intériorise comme *le* monde, le seul monde existant et concevable, le monde *tout court* » (Berger et Luckmann, 2003, p. 184-185). Ainsi, l'intériorisation du monde dans lequel un individu naît est « quasi automatique », quasi inévitable, car cette socialisation rend, du même coup, la réalité sociale signifiante. C'est ce qui explique que le contenu de la socialisation primaire soit si fermement enraciné dans la conscience des individus.

> Au cours de la socialisation primaire, dès lors, le premier monde de l'individu est construit. Sa qualité spécifique de fermeté découle au moins en partie du fait de l'inévitabilité de la relation de l'individu à ses premiers autres significatifs. Le monde de l'enfance, dans toute sa réalité lumineuse, conduit donc à la confiance en les autres significatifs et en leurs propres définitions de la situation (Berger et Luckmann, 2003, p. 186).

Parallèlement, la socialisation secondaire se définit par le processus par lequel l'adulte s'intègre aux «sous-mondes» institutionnels que sont les mondes du travail, du loisir, les mondes communautaire, religieux, etc., où l'individu, au contact de nouveaux agents de socialisation, poursuit la construction de son identité. La socialisation secondaire s'actualise par la division du travail et la distribution sociale de la connaissance, par l'incorporation de savoirs spécialisés (Schütz, 1967), distincts des savoirs de base de l'enfance. Berger et Luckmann confirment la théorie de Schütz en établissant le processus de la socialisation secondaire comme étant «tout processus postérieur qui permet d'incorporer un individu déjà socialisé dans les nouveaux secteurs du monde objectif de la société» (2003, p. 179).

Certes, la charge émotive des rapports sociaux à ce stade n'est pas aussi intense que celle qui habite la relation de l'enfant avec ses autruis significatifs, mais le langage constitue un élément commun des deux types de socialisation. La distribution de la connaissance ne peut se faire sans un vocabulaire précis et propre à un «sous-monde» ou à un domaine particulier, ni sans un «univers symbolique» proposant une vision précise d'un monde, lui-même construit en référence à un univers particulier spécialisé. Pour l'enfant, cependant, le langage constitue l'univers de sens de sa réalité quotidienne (réalité souveraine des autres réalités).

Par ailleurs, le langage garantit le renforcement des rôles sociaux, formes d'action typifiées, en leur procurant un sens objectif qui définit l'autre et qui, lorsque intériorisé, définira le Moi. Le langage, élément fondamental de la socialisation, constitue en somme une objectivation des éléments d'un monde commun.

> Le langage fournit la superposition fondamentale de la logique sur le monde social objectivé. L'édifice des légitimations est basé sur le langage et utilise le langage en tant qu'instrumentalité principale (Berger et Luckmann, 2003, p. 92).

Les deux principales institutions que sont la famille et l'école jouent un rôle déterminant dans la distribution sociale des savoirs. L'enfant reçoit le «stock de connaissances» comme une vérité absolue et objective, mais il l'intériorise en tant que réalité subjective: la seule qui soit bonne!

Bien que la socialisation secondaire soit vécue à la suite de la socialisation primaire, Berger et Luckmann établissent qu'une rupture entre les deux peut survenir, notamment lorsque l'individu commence à réaliser que sa famille en est une parmi tant d'autres, que le contenu de son apprentissage fait partie dorénavant d'une série d'options et que le monde dans lequel il a vécu son enfance n'est pas l'unique, le seul monde accessible.

Cette rupture s'effectue par le truchement de « plusieurs *chocs biographiques* pour désintégrer la réalité massive intériorisée au cours de la prime enfance » (Berger et Luckmann, 2003, p. 195).

Il peut arriver que la socialisation primaire soit « ratée ». Une contradiction dans le discours des autruis significatifs, par exemple, peut collaborer à cet échec. Des enfants vivant dans une communauté réfractaire aux valeurs dominantes qui fréquentent l'école publique peuvent se retrouver face à deux messages contradictoires, notamment en ce qui concerne la religion. Il en résulte que « […] la socialisation ratée dans un monde s'accompagne d'une socialisation réussie dans un autre monde » (Berger et Luckmann, 2003, p. 226). Il ne peut donc y avoir deux socialisations réussies en même temps au sein de deux sociétés différentes.

Dans le cas de la socialisation ratée, l'individu ne se fie qu'à lui-même et devient « individualiste ». Il construit alors par lui-même un Soi à partir de tous ces mondes différents intériorisés. Il peut ainsi développer une identité à partir d'un imaginaire, une « identité autre ». Ayant plusieurs références, il ne s'identifie pas uniquement à un autrui généralisé distinct. C'est alors la socialisation secondaire qui sert de procédé afin de construire une identité plus valorisante que celle obtenue par la socialisation primaire « ratée ».

Il est certain que, malgré une définition de la socialisation secondaire non calquée sur celle de la socialisation primaire, les deux définitions ne peuvent être envisagées comme étant complètement indépendantes. Nous le savons, le contenu de la socialisation primaire ne peut jamais « disparaître » de la conscience pour faire place à la socialisation secondaire.

Changer réellement de monde significatif est possible pour un individu et cette intégration est analysable en tenant compte du rapport entre les deux processus de socialisation, le primaire et le secondaire. Il nous importe donc, à ce stade-ci, d'analyser le processus de changement de société que des individus peuvent vivre lorsqu'ils ont connu une socialisation primaire « marginale ».

2.1.3. LA SOCIALISATION MARGINALE

Comme nous l'avons vu précédemment, le groupe religieux fermé, ou la *Secte*, constitue une microsociété créée sur les bases d'un contre-modèle de la société globale. Dans cet univers particulier se transmettent chez l'enfant des valeurs, des normes et des règles propres à cette institution idéologique située en marge de la société. L'apprentissage à la fois d'un rôle social et des compétences propres à cette microsociété socialise l'enfant en fonction

d'une vie future conçue pour être vécue au sein même de cet environnement, l'option d'une vie hors du groupe n'existant bien souvent qu'au
risque d'être banni de la communauté.

De plus, les théories de la socialisation nous ont expliqué que le
développement social de l'enfant se produit par l'interaction avec les agents
socialisateurs, notamment la famille, l'école, les pairs, les médias et l'institution religieuse. Dans le cas qui nous concerne ici, la famille de l'enfant
vit et partage entièrement une idéologie religieuse particulière. Dans les
cas extrêmes, celle-ci peut favoriser la proscription à l'école privée ou
publique au profit d'enseignements dispensés par des membres du groupe
(collaborant ainsi à l'intériorisation de la doctrine), l'exclusivité des relations
de l'enfant aux adeptes du mouvement ou, encore, l'interdiction d'accès
aux différents médias tels que la télévision, la radio ou les journaux. Le
milieu religieux ou scolaire de l'enfant ne se trouve conséquemment plus
distinct du milieu familial et le processus de socialisation se transforme
ainsi en processus de marginalisation.

Nous nous attachons ici à la notion de socialisation marginalisée
proposée par Michel Parazelli (1996). Bien que ce concept ait été développé
dans le cadre d'analyse des jeunes de la rue, il semble que nous ayons
affaire, dans le cas spécifique des enfants élevés en milieu sectaire, à un
type de socialisation marginale qui comporte certaines caractéristiques de
la socialisation marginalisée décrite par Parazelli. Cette socialisation marginalisée des milieux déviants est définie ainsi par Parazelli: «l'existence
de pratiques favorisant la construction identitaire, mais dont les manifes-
tations socioculturelles seraient marginalisées» (1996). Ainsi, l'enfant socialisé en milieu fermé ou *marginalisé* baigne parfois dans une société non
intégrée à la société environnante. L'enfant apprend donc, dans les milieux
marginaux, à «conserver ses définitions déviantes de la réalité *en tant que*
réalité» (Berger et Luckmann, 2003, p. 173).

Les fondateurs du groupe, dans certains cas des parents, avaient au
départ un projet de société qu'ils ont choisi d'actualiser en dehors de la
société dominante et ont ainsi procuré à leurs enfants une vision du réel
marginale. «À l'intérieur de la communauté protectrice de la secte, même
des conceptions les plus sauvagement déviantes prennent le caractère de
réalités objectives» (Berger et Luckmann, 2003, p. 173).

2.1.4. LA SOCIALISATION AUX VALEURS

Des études sociologiques américaines (Dearman, 1972; Johnson, 1961) ont
démontré empiriquement que certains groupes sectaires d'inspiration chrétienne tendent à socialiser leurs membres aux valeurs dominantes de la société
environnante. La pensée populaire prétend le contraire: les adeptes et leurs

enfants seraient socialisés par une normativité qui met fondamentalement en cause les valeurs de la société moderne. Comment y voir clair ? Jean Séguy propose une autre perspective par le concept de « socialisation utopique aux valeurs » à l'intérieur de « groupements volontaires utopiques » (1999).

Séguy critique vivement ces études en avançant, à juste titre, que les valeurs dominantes de la société *américaine* semblent découler, si l'on s'accorde avec les études wébériennes sur l'éthique protestante et l'esprit du capitalisme, d'une idéologie religieuse protestante ! Il affirme avec raison : « Dans ces conditions, peut-on s'émerveiller si des groupes religieux revendiquant le même héritage véhiculent eux aussi ces valeurs ? On se trouve, semble-t-il, dans un cercle vicieux » (Séguy, 1999, p. 211).

La critique sévère de Séguy ne l'empêche pas de reconnaître l'apport important de ces chercheurs qui ont osé analyser la question des valeurs – sujet difficile – au sein de groupes sectaires. Il s'attarde sur la distinction que font ces auteurs entre valeurs du passé et valeurs du présent et sur leur affirmation qu'il est faux de prétendre que toutes les sectes s'entendent sur les mêmes valeurs à transmettre. Ces recherches font de plus remarquer que certaines sectes ajoutent des éléments aux valeurs dominantes, tandis que d'autres font un tri parmi celles-ci en choisissant seulement les valeurs qui leur conviennent tout en rejetant celles qui les rebutent. Certes, des groupes sectaires adhèrent aux valeurs modernes, comme la liberté ou l'individualisme, mais les définissent différemment[2], leur conception étant souvent appuyée sur des normes religieuses. Séguy, soutenu par ces différentes recherches empiriques, affirme avec certitude ces trois propositions :

> 1) en général les sectes modernes et contemporaines ne socialisent pas tout à fait aux valeurs dominantes ; 2) toutes ne socialisent pas au même point aux mêmes valeurs ; 3) certains de ces groupes paraissent véhiculer des valeurs anciennes, ou certaines valeurs anciennes, plutôt que celles d'aujourd'hui (Séguy, 1999, p. 214).

Il formule trois hypothèses :

> 1) Les sectes risquent fortement de se poser de manière différente par rapport aux valeurs dominantes selon les conjonctures qu'elles doivent affronter ; 2) dans cette même perspective, on peut raisonnablement penser que ces groupes n'entretiennent pas non plus la même attitude, dans ce domaine, à toutes les étapes de leur histoire ; 3) enfin, il faut considérer comme important le fait que des formations différentes puissent partager les mêmes idéaux, mais avec une intensité diverse et, surtout, leur accorder une place différente dans la hiérarchisation qu'ils en font (Séguy, 1999, p. 214).

---

2. Certains mouvements religieux ont créé, par exemple, leur propre convention des droits de l'homme.

Il s'agit donc ici d'un rapport aux valeurs dominantes de la société moderne qui peut changer selon le déploiement d'un groupe dans le temps et selon les circonstances auxquelles il aura à faire face.

Par ailleurs, Kluckhohn et Strodtbeck (1973) amènent un apport considérable à la compréhension de la question des valeurs en société. Ils affirment d'abord que les valeurs sont en fait des solutions apportées par l'homme devant les problèmes posés par l'humanité, lesquels sont les mêmes pour tous. Le nombre fini de questions à résoudre procure un nombre fini de solutions qui produisent, en conséquence, une quantité limitée de valeurs. Ce qui distingue les sociétés, selon cette théorie, c'est l'ordre d'importance dans lequel chacune d'elles va classer ces valeurs, laquelle hiérarchie varie selon le degré d'intensité attaché à chacune. Dès lors, les chercheurs proposent une théorie de la *hiérarchisation* des valeurs, fondée, elle aussi, sur trois hypothèses :

> 1) « Il y a un nombre limité de problèmes humains communs pour lesquels tous les peuples de tous les temps doivent trouver des solutions » ; 2) « alors qu'il existe une variabilité de solutions pour tous les problèmes, elle n'est jamais illimitée ni fortuite, mais définitivement variable à l'intérieur d'un registre de solutions possibles » ; 3) « toutes les alternatives de toutes les solutions sont présentes dans toutes les sociétés de tous les temps, mais sont différemment préférées » (Kluckhohn et Strodtbeck, 1973, p. 10).

Selon ces théoriciens, l'idée que chaque société se distingue par son adhésion à des valeurs propres est erronée. Il s'agit plutôt d'une *hiérarchisation* différente des *mêmes* valeurs. Jean Séguy appuie cette affirmation :

> Ce qu'on appelle facilement un « changement de valeurs » correspondrait, selon ces auteurs [Kluckhohn et Strodtbeck], à une nouvelle hiérarchisation des idéaux dans une formation sociale donnée, plutôt qu'à une création à proprement parler (1999, p. 224).

Si l'on pouvait dresser un tableau de toutes les valeurs existantes, il n'engloberait probablement que deux types : les *valeurs dominantes*, celles qui sont adoptées par le plus grand nombre de gens dans une société quelconque, et les *valeurs variantes* ou *substituts*, celles qui sont adoptées minoritairement. Les auteurs précisent que ces dernières font quand même partie des valeurs de la société globale : elles ne sont que situées au bas de l'échelle hiérarchique des valeurs dominantes et ne sont pas, par conséquent, à part ou « ailleurs ».

> Aussi, dans la plupart des analyses de l'élément de la valeur commune dans les modèles culturels, on a trop insisté sur les valeurs *dominantes* des peuples, et les valeurs *variantes* ont été largement ignorées. Ces deux tendances concomitantes ont produit des études

interprétatives qui sont [...] des représentations simplistes et sta-
tiques des structures et processus sociaux (Kluckhohn et Strodtbeck,
1973, p. 3).

Il est donc peu probable, selon Séguy, Kluckhohn et Strodtbeck, que
la *Secte* soit créatrice de valeurs complètement nouvelles ou qu'elle en élimine
certaines de son éventail. Il s'agit plutôt d'une intensité ou d'une conscien-
tisation accordée à une valeur plutôt qu'à une autre, qui fait en sorte que
la *Secte* « oriente » les valeurs du groupe social dans une direction plutôt que
dans une autre, ce que Kluckhohn et Strodtbeck appellent le concept *d'orientation des valeurs* (1973) : « [...] c'est l'aspect *directif* du processus total qui
est d'une importance fondamentale dans la formulation du concept d'orientation des valeurs » (Kluckhohn et Strodtbeck, 1973, p. 5). Les valeurs jouent,
en effet, le rôle de diriger, d'orienter et de guider les comportements
(Kluckhohn et Strodtbeck, 1973) au point que les individus font leurs choix
en fonction de ces valeurs. Ainsi, un groupe social, selon son échelle de
valeurs, va donner préférence à tel type d'activités plutôt qu'à un autre.

Mais selon quels critères opère-t-on cette hiérarchisation des idéaux?
Dans le cas de la *Secte*, il faut quand même remarquer qu'elle possède un
aspect idéologique important, que Séguy qualifie d'utopique. L'utopie,
selon lui, « réfère à un type-idéal de fonctionnement idéologique » (Séguy,
1999, p. 218). Elle appuie son idéologie sur l'imaginaire afin de viser à
transformer les systèmes existants. Un groupement engagé concrètement
dans ce type de changement constitue, selon lui, un « groupement volontaire
utopique » (1999). Berger et Luckmann démontrent bien cette tendance
que connaît l'utopie à vouloir modifier la réalité :

> [...] le pouvoir de la « pensée utopique », qui (comme l'idéologie)
> produit une image déformée de la réalité, mais qui (contrairement
> à l'idéologie) possède le dynamisme lui permettant de transformer
> la réalité à son image[3] (Berger et Luckmann, 2003, p. 19).

« [...] la compréhension du fait qu'aucune pensée humaine [...] n'est
imperméable à l'influence idéologisante de son contexte social » (Berger
et Luckmann, 2003, p. 18) nous incite à regarder de plus près le processus
de socialisation de ces « groupements volontaires utopiques ». Séguy évoque
une manière particulière de socialiser : « Tout se passe en fait comme si
sectes et autres groupements volontaires utopiques possédaient une façon
propre de socialiser aux valeurs » (Séguy, 1999, p. 222).

---

3. Cette citation de Berger et Luckmann renvoie en fait aux insistances de Mannheim sur
   les idéologies et sur l'utopie dans son apport à la sociologie de la connaissance. Voir à ce
   sujet : Karl Mannheim, *Ideology and Utopia*, Londres, Routledge and Kegan Paul, 1936.

Si nous nous appuyons sur la théorie de Kluckhohn et Strodtbeck (1973) pour saisir le processus de socialisation aux valeurs de la *Secte*, nous dirons simplement que c'est la hiérarchie des valeurs de la *Secte* qui est contrastante avec la hiérarchie des valeurs de la société. La *Secte* socialise aux valeurs *variantes*, alors que la société globale socialise aux valeurs *dominantes*. Ces chercheurs affirment d'ailleurs que le degré d'assimilation d'un groupe dans une société dépend du degré de ressemblance de sa hiérarchie des valeurs avec celle de la société dans laquelle il veut s'intégrer (Kluckhohn et Strodtbeck, 1973). Il y a donc une *toile de hiérarchisations*, car le nombre de hiérarchisations possibles jumelées aux différents degrés d'intensité pour chaque valeur procure un résultat indéfini.

« Par contre, la façon dont chaque formation sociale concurrente hiérarchise ses idéaux apparaît porteuse de signification et de conséquences qu'il faut examiner » (Séguy, 1999, p. 225). La façon dont les valeurs sont hiérarchisées et orientées procurent une vision du monde et un système de significations qui varient d'une société à l'autre et a un effet direct sur les comportements et les attitudes des gens. Kluckhohn et Strodtbeck confirment :

> C'est-à-dire que le « système de significations » d'une société, son éthos, dérive de façon plus adéquate et réaliste d'une analyse de la dynamique de corrélation des variations dans ses orientations des valeurs que d'une étude des valeurs dominantes uniquement (Kluckhohn et Strodtbeck, 1973, p. 28).

Parmi les nombreux termes employés pour définir le noyau dur du système de significations, celui auquel nous nous attachons ici est le concept de la vision du monde, construite à partir des valeurs (Kluckhohn et Strodtbeck, 1973; Weber, 1995a; Berger et Luckmann, 2003). Pour l'enfant en processus de socialisation, cette vision du monde « prédonnée » devient comme une manière naturelle de regarder le monde (Berger et Luckmann, 2003). Le système de significations, la hiérarchisation des valeurs et la vision du monde nous amènent donc ici à aborder les sujets des croyances, des convictions et de la sociologie de la religion wébérienne.

La rationalité en valeur

La socialisation de l'enfant élevé en milieu sectaire se fait dans un contexte où l'objet des croyances est placé au premier rang des valeurs transmises. En effet, l'environnement de cet enfant est empreint d'une rationalité religieuse, rationalité qui peut être qualifiée, selon les théories de Weber (1995a), de rationalité en valeur.

Weber, dans sa typologie des actions humaines[4], place la valeur comme facteur de rationalité dans *l'activité rationnelle par valeur* (*Wertrational*). Les valeurs, appuyées sur les croyances et les convictions, deviennent pour ce type de rationalité la priorité absolue : la raison d'être et d'agir de l'acteur social. Cette forme de conduite se distingue par le manque d'attention portée aux conséquences prévisibles, étant donné que l'acteur se trouve entièrement motivé par l'aspect dynamique et stimulant de sa conviction. Se laissant ainsi diriger de façon impérative, l'acteur social s'engage inconditionnellement et exclusivement dans une cause ou une religion. Malgré la grande place laissée à l'émotion dans ce genre de conduite, Weber la classifie sous la bannière des activités *rationnelles,* car « elle essaie de se donner une cohérence interne se traduisant par des actes conformes à la conviction » (Freund, 1983, p. 93). Examinons la définition de Weber :

> [...] la seconde [l'orientation rationnelle en valeur de l'activité] élabore consciemment les points de direction ultimes de l'activité et s'oriente d'après ceux-ci d'une manière méthodiquement *consé-quente*. [...] Agit d'une manière *purement* rationnelle en valeur celui qui agit sans tenir compte des conséquences prévisibles de ses actes, au service qu'il est de sa conviction portant sur ce qui lui apparaît comme commandé par le devoir, la dignité, la beauté, les directives religieuses, la piété ou la grandeur d'une « cause », quelle qu'en soit la nature. L'activité rationnelle en valeur consiste toujours (au sens de notre terminologie) en une activité conforme à des « impé-ratifs » ou à des « exigences » dont l'agent croit qu'ils lui sont imposés (Weber, 1995a, p. 56).

L'individu prend les moyens, par son activité, pour vivre la valeur même si ce n'est dans certains cas que pour un certain idéal. Certes, ce type d'activité comporte une rationalité, mais qui demeure toujours à la frange de l'irrationalité, car la frontière entre la rationalité et l'irrationalité, dans ce type pur, est extrêmement fragile. L'important dans ce processus décisionnel, c'est de donner préséance à la valeur, ce qui incite parfois l'individu à faire une mauvaise évaluation de la réalité et de ses conséquences. D'ailleurs, plus la valeur est porteuse de signification et plus elle est absolue, moins il sera facile pour l'individu de prévoir rationnellement les consé-quences. La valeur, devenue absolue, dicte ainsi la conduite qui peut devenir, de cette manière, irrationnelle. La rationalité risque de perdre sa force et l'irrationalité, de prendre le dessus.

---

4. Les quatre types idéaux sont : l'action non rationnelle – émotionnelle ou traditionnelle ; l'action rationnelle – en finalité ou en valeur. Pour les besoins de notre propos, nous nous attardons uniquement au dernier type : l'action rationnelle en valeur.

Weber explique :

[...] la rationalité en valeur reste toujours affectée d'une *irrationalité* et cela d'autant plus que l'on donne une signification plus absolue à la valeur d'après laquelle on oriente l'activité. Cela vient de ce que la rationalité en valeur spécule en général d'autant moins sur les conséquences de l'activité qu'elle prend plus inconditionnellement en considération la seule valeur intrinsèque de l'acte (la pure conviction, la beauté, le bien absolu ou le devoir absolu) (Weber, 1995a, p. 57).

En effet, l'acteur social accepte, parfois jusqu'à la mort, au nom de ses convictions et de ses valeurs, tous les risques de son action. « [...] la conduite de vie, partout où elle a été rationalisée [méthodiquement], a aussi vu le sens de son évolution très profondément déterminée par les valeurs ultimes qui ont orienté cette rationalisation » (Weber, 1996, p. 358). C'est ainsi que nous sommes à même de constater diverses dérives sectaires – violation des droits (des adultes comme ceux des enfants) ou suicides collectifs – par des mouvements qui ont d'abord fondé leur activité sur la rationalité en valeur.

La sociologie religieuse wébérienne veut démontrer que les conduites sociales des acteurs ne peuvent être saisies qu'à partir de leur conception propre de l'existence humaine et de leurs différentes visions du monde (Aron, 1967), elles-mêmes structurées par les valeurs.

Les valeurs ne sont données ni dans le sensible ni dans le transcendant. Elles sont créées par des décisions humaines qui diffèrent en nature des démarches par lesquelles l'esprit saisit le réel et élabore la vérité (Aron, 1967, p. 523).

« Le problème du choix des valeurs introduit à l'éthique de la conviction (*Gesinnungsethik*) » (Aron, 1967, p. 527). Weber parle de religion de conviction, en opposition à la religion rituelle ou aux religions de l'ordre (Freund, 1983), type de religion que nous identifions aisément avec la *Secte*.

On voit, sans autre commentaire, qu'au niveau de l'éthique, l'activité rationnelle par valeur correspond à ce que Weber appelle dans *Politik als Beruf* la morale de conviction, qu'il oppose à la morale de responsabilité dont le fondement sociologique est l'activité rationnelle par finalité (Freund, 1983, p. 93).

Weber oppose ainsi l'éthique de conviction à l'éthique de responsabilité, les deux ayant un rapport direct avec les conséquences prévisibles de la conduite :

L'éthique de responsabilité consiste précisément à intégrer les conséquences prévisibles de ses actes dans l'élaboration et l'effectuation de l'action alors que l'éthique de conviction consiste à faire ce que l'on estime devoir faire selon les principes auxquels on adhère sans se soucier aucunement des conséquences de son action (Hervieu-Léger et Willaime, 2001, p. 69).

En somme, la religion de conviction qu'est la *Secte* où les valeurs sont hiérarchisées et orientées de façon différente, voire de manière contrastante d'avec la société globale, constitue un lieu de socialisation première pour des enfants. Nous tentons déjà, dans la prochaine section, d'éclairer le lecteur sur les effets d'une socialisation empreinte de rationalité en valeur, sur le processus d'intégration. Nous abordons cette question en examinant la problématique de l'anomie, concept introduit par Durkheim.

2.2. ANOMIE ET INTÉGRATION SOCIALE

Il est peut-être utopique de penser que, par le processus normal de socialisation secondaire et avec un peu de temps, l'individu socialisé en milieu fermé et marginal s'intégrera aisément et avec succès dans la société globale. Il faudra peut-être, dès lors, se tourner vers un autre processus de socialisation qui ne s'effectue pas – comme c'est le cas de la socialisation secondaire – sur les bases de la socialisation primaire : la resocialisation. En substance, ce processus *reconstruit* la réalité subjective et tente de la remplacer. Cette reconstruction désunit par le fait même les éléments cohésifs de la réalité subjective, intériorisée dans la socialisation première. « La re-socialisation correspond à une rupture du nœud gordien du problème de consistance – par l'abandon d'une quête de consistance et la reconstruction d'une réalité *de novo* » (Berger et Luckmann, 2003, p. 220). Berger et Luckmann précisent le rapport au passé qu'innove le processus de resocialisation :

> Dans la resocialisation, le passé est réinterprété de façon à se conformer à la réalité présente, avec la tendance à réinjecter dans le passé différents éléments qui étaient subjectivement indisponibles à ce moment-là. Au cours de la socialisation secondaire, le présent est interprété de façon à être maintenu en relation constante avec le passé, avec la tendance à minimiser de telles transformations qui ont pourtant réellement été opérées. Pour parler autrement, la base de réalité de la resocialisation est le présent, et la base de réalité de la socialisation secondaire le passé (Berger et Luckmann, 2003, p. 222).

Parmi les défis que comporte le processus d'intégration sociale des individus socialisés en milieu sectaire, nous cernons que le processus de resocialisation impliquant une reconstruction de la réalité subjective risque de créer chez eux – temporairement peut-être, mais non moins réel – un état que Durkheim appelle l'anomie.

2.2.1. LE RISQUE DE L'ANOMIE

Les théoriciens ont donné au terme « anomie » plusieurs significations, mais son sens étymologique « absence de normes » provient de la racine grecque *nomos* qui signifie règle ou norme, accompagnée du préfixe *a* qui en inverse le sens.

C'est de Jean-Marie Guyau (1854-1888), philosophe se voulant sociologue, qu'Émile Durkheim reprend l'expression *anomie,* qui est devenue centrale dans sa sociologie :

> […] elle [l'expression anomie] est le concept-clé de la philosophie sociale de Durkheim. Ce qui l'intéresse, par-dessus tout, au point de l'obséder, c'est en effet la crise de la société moderne qui se définit par la désintégration sociale et la faiblesse des liens qui rattachent l'individu au groupe (Aron, 1967, p. 388).

Durkheim remet à la société le rôle contraignant de baliser les désirs inassouvissables de l'être humain. Elle jouerait, en quelque sorte, une fonction de frein social sur les idéaux de l'individu par l'autorité collective et l'obéissance à des règles et à des normes communes. Durkheim note qu'il peut cependant arriver que la société ne soit plus en mesure de remplir ce rôle (guerres, révolutions ou autres). L'anomie sociale de Durkheim, c'est l'état de certaines sociétés qui n'arrivent plus à encadrer les désirs et les comportements individuels. Selon cette théorie, c'est le cas de la société moderne qui, par la montée de l'individualisme, l'affaissement des sociétés traditionnelles, le pluralisme et la négation de la morale, affaiblit ses règles qui régissent les comportements individuels. L'anomie sociale durkheimienne représente donc un problème idéologique du système de valeurs d'une société qui transparaît au cœur même des rapports sociaux mal régulés (Durkheim, 1981).

> Seulement, quand la société est troublée, que ce soit par une crise douloureuse ou par d'heureuses mais trop soudaines transformations, elle est provisoirement incapable d'exercer cette action (Durkheim, 1981, p. 280).

Bien que Durkheim s'attarde au problème d'intégration des individus au sein des organisations professionnelles qu'il qualifie d'anomie (Durkheim, 1998), nous nous sommes surtout concentrée sur sa célèbre étude *Le suicide* (Durkheim, 1981). En outre, Durkheim place l'anomie dans sa typologie – avec l'altruisme et l'égoïsme – comme un facteur de suicide caractéristique des sociétés modernes. L'existence, dorénavant non régulée dans la modernité par le religieux, la tradition, la coutume ou quelque autre règlement, procure au citoyen moderne des conditions de concurrence constante. Il en résulte donc un déséquilibre entre les ambitions de l'acteur social et son assouvissement, car les désirs humains sont, affirme Durkheim, tout simplement inassouvissables. C'est la régulation qui agit en tant que limi-tatrice des désirs humains. En conséquence, cette ambiance quotidienne de la société moderne peut collaborer au «courant suicidogène» anomique (Aron, 1967; Durkheim, 1981). Dans cette perspective, l'individu qui a vécu dans un environnement contraint par le religieux et par l'encadrement serré de cette microsociété qu'est la *Secte* risque d'expérimenter un désé-quilibre et une perte d'orientation lors de son *entrée* dans le monde. Cette nouvelle société peut porter dorénavant pour lui l'apparence d'un monde sans régulation ou sans morale, une société anomique.

Toujours selon Durkheim, l'homme de désirs qu'est l'être humain a besoin d'être encadré et contraint. Bien que la discipline et la morale puissent jouer ce rôle, Durkheim reconnaît néanmoins dans la société la force nécessaire pour créer le plafond indispensable à la limitation de ses désirs et de ses besoins sans bornes :

> Seule, la société, soit directement et dans son ensemble, soit par l'intermédiaire d'un de ses organes, est en état de jouer ce rôle modérateur ; car elle est le seul pouvoir moral supérieur à l'individu, et dont celui-ci accepte la supériorité. Seule, elle a l'autorité néces-saire pour dire le droit et marquer aux passions le point au-delà duquel elles ne doivent pas aller (Durkheim, 1981, p. 275).

> Ce que l'homme a de caractéristique, c'est que le frein auquel il est soumis n'est pas physique, mais moral, c'est-à-dire social (Durkheim, 1981, p. 279).

Alors que l'être humain chez Durkheim semble avoir un manque de contrôle sur lui-même si la société n'exerce pas son rôle, Robert K. Merton (1938), dans sa sociologie de la délinquance, identifie l'anomie comme un écart entre l'idéal qu'un individu s'est fixé, idéal proposé par la société, et les moyens qu'il a à sa disposition pour les atteindre, eux aussi offerts par la même société. Dans cette perspective, l'anomie est conçue à la fois comme un état d'être et un état de société (Rivest, 1994). L'inadaptation de l'individu est due à cette dissonance entre «normes individuelles et buts culturels» (Merton, 1938) et ce déséquilibre entraîne des comportements déviants que Merton attribue à une « *malintegration* ». McClosky et Schaar résument bien cette conception mertonienne :

> Dans cette perspective, une divergence ressentie entre une aspiration à un meilleur statut et la réussite réelle est la cause directe et la plus fondamentale de la mentalité anomique. C'est probablement la généralisation la plus largement acceptée dans les publications sociologiques sur l'anomie (1965, p. 37).

Bien intériorisées, les normes et les règles sociales deviennent pour le membre de la société un «allant de soi» (Berger et Luckmann, 2003) qui fera de lui un être intégré. Par contre, si ce dernier décidait de vivre au sein d'une société, qui véhicule des normes et des valeurs différentes de sa société d'appartenance, il pourrait se trouver dans une condition d'anomie. Par exemple, les objectifs personnels qu'il continuerait à poursuivre pourraient très bien s'éloigner ou s'opposer aux fins poursuivies par sa nouvelle société. Baudelot et Establet précisent:

> Toute société doit parvenir à imposer ses fins aux individus qui la composent. Il y a RÉGULATION lorsque l'individu «spontanément» fait siens les objectifs que la société lui assigne. [...] Il y a ANOMIE lorsque fins individuelles et fins sociales imparties à chacun se mettent à diverger fortement [...] (1984, p. 40).

C'est la légitimation des règles et des normes qui donne à la société un rôle protecteur, affirment Berger et Luckmann (2003). Elle préserve l'individu de la terreur du chaos, d'une vie au manque de sens. Ne plus obtenir cette protection, c'est devenir anomique. La *Secte,* dans cette perspective, peut constituer une société protectrice, voire *hyper* protectrice. Quitter la *Secte* physiquement, et mentalement par un processus de délégitimation des règles et normes religieuses, peut également conduire à un état d'anomie.

> *Toute* réalité sociale est précaire. *Toutes* les sociétés sont des constructions face au chaos. La constante possibilité de la terreur anomique se concrétise dès que les légitimations qui ont masqué cette précarité sont menacées ou s'effondrent (Berger et Luckmann, 2003, p. 142).

2.2.2. ANOMIE, ISOLEMENT, ÉDUCATION ET CROYANCES MARGINALES

Dans son étude sur le suicide, «Durkheim s'efforce ensuite de montrer que les types sociaux qu'il a constitués correspondent approximativement à des types psychologiques» (Aron, 1967, p. 338). Plusieurs chercheurs se sont attachés à cette conception psychosociale de l'anomie, bien définie ici par Rivest:

> L'individu anomique n'a plus le sens de la cohésion sociale, il vit dans l'instant, sans attache avec les autres et a perdu l'unité dynamique de sa personnalité. Cette condition survient à la suite d'un bouleversement dans l'environnement social de l'individu (1994, p. 11).

L'anomie individuelle, dans cette optique, « devient représentative d'une désintégration du sens de l'attachement à la société et d'un sentiment de solitude intense » (Rivest, 1994, p. 14). Reste le fait que l'être humain a besoin d'une certaine sécurité normative et il ne peut l'obtenir sans être bien intégré à sa société (McClosky et Schaar, 1965).

Les travaux de McClosky et Schaar (1965), même s'ils ne sont pas récents, sont très pertinents pour notre recherche. Une de leurs études empiriques en psychosociologie, portant sur l'état d'esprit anomique, a su prendre en compte, entre autres choses, les questions de l'éducation, de la socialisation et de la croyance marginale.

McClosky et Schaar se sont penchés sur les causes, tant psychologiques que sociales, de l'état d'esprit anomique. Ils affirment que cette tendance à percevoir la société comme anomique dépend en grande partie de la position sociale d'un individu. Selon leur étude, les sentiments anomiques apparaissent plus fréquemment chez ceux qui ont vécu leur vie dans l'isolement, la privation et l'ignorance. Les gens, par exemple, qui n'ont pas été actifs au sein d'une communauté sont portés à être confus et désorientés par rapport aux normes sociales. Cet état d'anomie est suscité par une interaction avec l'environnement, caractérisée par la réduction de l'apprentissage des normes, règles, idéaux et valeurs d'une société. Le sentiment anomique résulte donc d'une entrave au processus de socialisation et d'apprentissage de ces normes. Certaines de ces entraves sont sociales, d'autres personnelles ou psychologiques (McClosky et Schaar, 1965). Selon McClosky et Schaar, plusieurs facteurs déterminent l'état anomique, mais la réduction de l'apprentissage des normes garde la plus grande importance.

> Il apparaît donc que l'anomie, en partie, reflète des modèles de communication et d'interaction qui réduisent les chances de voir et de comprendre le fonctionnement de la société ainsi que ses buts et ses valeurs (McClosky et Schaar, 1965, p. 19).

De ce point de vue, la socialisation marginalisée dans la *Secte* pourrait interférer avec l'apprentissage des normes de la société globale et ainsi collaborer à un état d'anomie.

> [...] quel que soit ce qui interfère avec l'apprentissage des normes d'une société, cela tend à augmenter les sentiments anomiques au sein de ses membres [...] En résumé, peu importe ce qui interfère avec l'aptitude de quelqu'un d'apprendre les normes d'une communauté, ou d'affaiblir la socialisation de quelqu'un à l'intérieur de ses modèles centraux de croyances, cela doit être considéré parmi les déterminants de l'anomie (McClosky et Schaar, 1965, p. 20).

Nous avons suggéré qu'il est possible et probablement plus utile qu'une approche alternative puisse être de regarder l'anomie comme étant un sous-produit du processus de socialisation – comme un signe de l'échec de la socialisation et des moyens par lesquels la socialisation s'est réalisée, c'est-à-dire la communication, l'interaction et l'apprentissage [...] (McClosky et Schaar, 1965, p. 39).

Selon les résultats de cette étude, l'état d'anomie est également déterminé par un autre facteur social : l'éducation. C'est elle qui fournit à l'individu les connaissances nécessaires pour vivre à l'aise en société. Le manque de connaissances de base sur le système politique ou médical, par exemple, peut procurer à l'individu un sentiment d'être étranger à la société. Il est facile d'imaginer ce que peut vivre l'adulte qui n'a pas plus que l'équivalent de quelques années du primaire pour fonctionner en société.

McClosky et Schaar attribuent également un rôle important aux croyances dans la détérioration ou la réussite de la socialisation. Nous avons reconnu dans leur notion de « croyances déviantes » ces convictions qui ne correspondent pas aux valeurs majoritairement partagées par les membres de la société dominante. Ces convictions forment un type particulier de certitudes transmises lors du processus de socialisation marginalisée dans la *Secte*. L'étude démontre que ces « croyants déviants » qui ont un attachement particulier, voire passionnel à un système de convictions radical considèrent la société comme étant absente de normes pour les encadrer. McClosky et Schaar baptisent donc « croyants marginaux » (*Marginal Believer*) (1965, p. 22) ceux qui vont jusqu'à croire qu'en dehors de leur doctrine il n'existe aucun monde valable. Comment les enfants socialisés par ces croyants marginaux en arrivent-ils à considérer vivre dorénavant dans cette société (le *monde*) perçue comme un monde « hors normes » ?

Parce que ces gens ne peuvent profiter de la sécurité psychologique dont ils ont un besoin maladif, à moins qu'ils ne voient leurs propres croyances incarnées dans le monde extérieur, ils en viennent facilement à penser qu'un ordre social non organisé selon les lignes de leurs propres systèmes de croyances ne constitue pas un ordre du tout (McClosky et Schaar, 1965, p. 22).

De plus, ces chercheurs expliquent que l'idéologie marginale constitue une barrière à l'intégration, en ce sens qu'elle empêche l'interaction et l'association avec autrui. Le risque de rejet augmente.

Les grandes corrélations entre l'anomie et les croyances substantielles extrêmes renforcent notre thèse sur toute la ligne, à savoir que l'anomie reflète un échec de la socialisation. Non seulement l'anomique se sent confus et sans norme, mais il s'appuie sur des valeurs et des opinions qui sont rejetées par sa société (McClosky et Schaar, 1965, p. 33).

Les chercheurs, tant sociologues que psychologues, s'accordent pour dire que le sentiment anomique se distingue par des attitudes: solitude, distanciation des autres, confusion, désorientation face aux événements sociaux, sens profond de futilité politique, pessimisme face à soi-même et au futur. De plus, des attitudes cyniques à propos des membres du gouvernement (McClosky et Schaar, 1965), venant d'un sentiment que les dirigeants sociaux restent indifférents aux besoins de ces individus (Strole, 1957), s'ajoutent à la liste. En somme, cet état où l'ex-adepte ne se situe ni «dans» la société ni «en dehors» alimente ce sentiment anomique et, chez certains membres de la dernière génération, cette impression peut s'avérer tellement difficile à supporter qu'après une tentative d'intégration en société, certains choisissent tout simplement de retourner à la secte[5].

---

5. Il sera question de certains cas ultérieurement.

PARTIE

2

LA RECHERCHE

3

UNE ÉTUDE QUALITATIVE

3.1. LES OBJECTIFS DE L'ÉTUDE

Les années 1960 ont été marquées par un mouvement de contre-culture qui a incité une partie de la génération des jeunes de l'époque à innover dans divers domaines. Dans la sphère religieuse, de nouveaux mouvements sont nés de certaines expérimentations sociales ouvrant à des styles de vie alternatifs, lesquels ont impliqué directement des enfants. Ainsi, des écoles marginales, des modèles éducatifs sans précédent et des formes familiales inhabituelles ont vu le jour. Dans un contexte social où la famille nucléaire connaissait de profondes mutations, notamment sous l'effet d'un taux de divorces élevé et par le phénomène des familles «reconstituées», plusieurs nouveaux mouvements religieux ont voulu donner une fonction autre à la famille et réinventer le rapport à la sexualité.

Par ailleurs, d'autres mouvements religieux ont été formés sur la base d'une expérimentation spirituelle (Palmer et Hardman, 1999) voulue par des adultes en quête d'un rapport nouveau avec le transcendant, en «oubliant» que des enfants (les enfants des convertis ou nés au sein du groupe) faisaient également partie de ces nouvelles fraternités. Cette jeune génération n'avait, pour ainsi dire, pas de «place» au sein de ces idéologies, alors que les valeurs de la communauté, elles, avaient priorité. Nous assistions donc à une tentative d'intégrer ou de dissoudre la famille biologique en une «famille spirituelle», ce qui a eu comme conséquence de créer de véritables «enfances alternatives» (Palmer et Hardman, 1999).

Ainsi, certaines organisations religieuses ont impliqué des enfants dans des exercices spirituels demandant une certaine maturité intellectuelle tels que des rituels, des exorcismes, de longues réunions de prières ou de méditation, des périodes de jeûne, des confessions publiques, etc. De plus, le sens religieux donné à la désobéissance infantile a parfois ouvert la porte à des abus dans les formes punitives. Dans d'autres cas, ce sont les qualités charismatiques des jeunes qui ont été valorisées en leur donnant une position privilégiée et en leur enseignant à jouer un rôle messianique (Palmer et Hardman, 1999).

D'autres mouvements ont réagi à la présence des enfants dans leur monde d'adultes en les laissant à eux-mêmes ou en les confiant à un « responsable » des enfants, nommé sans égard à sa formation (compétences souvent niées dans ces groupes au profit d'une vision spirituelle) ou à ses besoins affectifs. Les membres de ces groupes dégageaient ainsi les parents de leurs responsabilités afin qu'ils disposent du maximum de temps pour les activités religieuses ou communautaires du groupe.

Comme dans bien des domaines (politique notamment), un certain nombre de mouvements radicaux et totalitaires ont aussi émergé. L'éducation des enfants, à l'intérieur de ce genre de structure, se fait souvent par un guide unique qui gère tous les aspects de la vie des adeptes. De plus, les activités quotidiennes, des enfants comme celles des adultes, sont aussi régies par des règles collectives dictées par les enseignements du guide spirituel (Siskind, 2001).

D'une manière ou d'une autre, une croyance religieuse particulière se transmet à une ou plusieurs générations, véhiculant une vision d'un monde extérieur à rejeter (un monde que les enfants n'ont jamais choisi de rejeter) et un univers magique (au sens wébérien du terme) où la réalité semble dépendante du rapport avec le divin. Ce contexte religieux favorise ainsi un ordre social légitimé par la prophétie ou l'interprétation des livres sacrés, dirigé par l'autorité charismatique d'un leader (Weber, 1995a).

C'est dans ce contexte que certains membres qui ont vécu leur enfance au sein de ces groupes ont décidé, un jour, de quitter leur communauté. Face à la société dominante qui véhicule les valeurs modernes de l'individualisme, des libertés fondamentales et du pluralisme religieux, quelles sont leurs réactions ? Comment se vit le processus de sortie pour ceux qui sont nés ou ont été élevés dans ces milieux marginaux tels que la secte ? Nous voulons analyser le lien qui existe entre la socialisation primaire de ces enfants et leur intégration en société à la suite d'un départ volontaire, en posant les questions suivantes.

- Qu'est-ce qui incite un individu, faisant partie d'un groupe religieux fermé depuis son enfance, à quitter son groupe ?

- Quels sont les principaux problèmes et défis que peut rencontrer l'individu socialisé durant son enfance dans un milieu sectaire, le jour où il décide d'intégrer le mode de vie de la société moderne et comment se déroule son processus d'intégration?

- Quelles sont les continuités ou les discontinuités entre les valeurs, la vision du monde et les compétences sociales intériorisées dans la secte et celles qui paraissent par la suite nécessaires pour vivre dans la société?

- Est-ce que l'individu qui a grandi dans une secte et qui a quitté sa communauté a le sentiment de réussir à s'adapter et à s'intégrer dans la société moderne?

Notre recherche ne vise pas à expliquer le fonctionnement des groupes. Bien qu'elle n'ait pas nécessairement l'ambition première de mettre en lumière les cas extrêmes de mauvais traitements (physiques, psychologiques ou sexuels), ceux-ci seront pris en compte le cas échéant. Le but de notre étude est de générer un éclairage nouveau sur le processus d'intégration sociale et d'adaptation aux valeurs de la vie moderne des personnes qui ont vécu une socialisation véritablement marginale. En ce sens, nous poursuivons les objectifs de recherche suivants.

- Identifier les éléments cognitifs, comportementaux et axiologiques, ceux qui sont intériorisés dans la secte et ceux qui doivent être «réappris», afin de fonctionner dans la société environnante.

- Comprendre comment s'effectue le processus d'intégration sociale de l'individu socialisé dans un milieu sectaire et quels sont les éléments qui expliquent son sentiment de réussite ou d'échec[1].

3.2. LES HYPOTHÈSES DE RECHERCHE

Nous formulons les hypothèses de recherche suivantes.

- Il existe une discontinuité cognitive, comportementale et axiologique entre le groupe sectaire et la société dominante qui freine et fragilise le processus d'intégration sociale de l'individu socialisé en bas âge en milieu religieux fermé.

---

1. Certains adultes de la deuxième génération, après quelques années vécues dans la société moderne, décident de retourner à leur communauté d'appartenance. Est-ce là un signe d'échec de l'intégration? Nous y reviendrons dans notre analyse.

- Les principaux éléments de discontinuité influent, entre autres choses, sur la capacité (ou le sentiment) d'autonomie dans les processus décisionnels, les repères langagiers et de significations, le sentiment de compétence sociale et les relations avec autrui.

- Plus les degrés de fermeture au monde extérieur, d'autoritarisme et d'abus psychologiques ou physiques subis par l'individu pendant son enfance dans la secte auront été accentués, plus le processus d'intégration sociale sera difficile.

- Plus l'idéologie du groupe sera fondée sur un contre-modèle de la société moderne favorisant une vision du monde manichéenne et apocalyptique ainsi qu'une rupture avec la société, plus les défis liés à l'intégration seront grands.

3.3. LA MÉTHODOLOGIE

La sociologie compréhensive de Weber reconnaît deux formes de compréhension : « La compréhension peut signifier d'une part la compréhension *actuelle* [*aktuelles Verstehen*] du sens visé dans un acte (y compris une expression) » (Weber, 1995a, p. 34) et « Elle peut également signifier d'autre part une compréhension *explicative* [*erklärendes Verstehen*]. Nous "comprenons" parce que nous saisissons la *motivation* [*motivationsmaässig*] […] » (Weber, 1995a, p. 34) et le sens qu'une personne donne à son geste, sa parole, son action. « Dans tous les cas, "comprendre" signifie saisir par interprétation le sens ou l'ensemble significatif visé […] » (Weber, 1995a, p. 35).

Weber a ainsi, par la sociologie compréhensive, apporté une distinction nette entre la forme de compréhension nécessaire pour conduire des études dans le domaine des sciences naturelles et celle dont les chercheurs des sciences sociales ont besoin pour « comprendre » les êtres humains. Saisir le regard des informateurs sur le sujet étudié devient ainsi une des clés importantes de la recherche qualitative, car une de ses caractéristiques fondamentales est de considérer les événements, les actions, les normes et les valeurs du point de vue de l'acteur. Cette sociologie de l'acteur ne vise plus l'explication d'après une forme stable, car elle est vouée dorénavant à observer de près le discours d'individus subjectifs. Cette approche inspire largement notre méthodologie.

3.3.1. LES MÉTHODES D'OBSERVATION

Avant de nous lancer dans la collecte de données, nous avons effectué une reconnaissance préliminaire du terrain en vérifiant la faisabilité de notre enquête. En effet, nous avons d'abord voulu vérifier si la population que nous voulions interviewer ne serait pas réfractaire à participer à ce type de recherche. Comme notre étude était de type empirique, il était important de faire cette démarche. Nous l'avons faite à l'occasion de congrès d'organismes spécialisés sur le sujet des nouveaux mouvements religieux et des sectes, endroits souvent côtoyés par d'anciens adeptes.

Cette étape préparatoire nous a démontré d'emblée que non seulement les individus qui ont vécu leur enfance au sein d'un groupe sectaire – la population qui nous intéresse ici – n'étaient pas résistants à l'idée de partager leur récit de vie avec nous, mais que, tout au contraire, ils démontraient un enthousiasme à l'égard d'une recherche sérieuse faite sur le sujet des personnes qui ont vécu leur enfance au sein d'une secte religieuse.

D'ailleurs, il est souvent affirmé par ces individus que la société – chercheurs, professionnels, médias, opinion publique – ne sont pas bien informés à leur sujet. Il semble, en effet, que le besoin de recherches sur tout ce qui touche de près ou de loin le phénomène des enfants qui ont grandi dans les milieux sectaires soit évident pour eux. Citons, par exemple, le fait que plusieurs attestent s'être déjà présentés chez un psychologue, travailleur social ou autre intervenant qui ne croyait pas leur histoire ou encore qui saisissait mal le langage utilisé étant donné sa particularité. Ces personnes ont donc vu en notre recherche une contribution à une meilleure compréhension de leur situation et, par le fait même, un moyen de faciliter un peu plus leur intégration en société[2].

Afin d'être en mesure de bien saisir leur vision personnelle, leur interprétation du monde ainsi que les repères normatifs et la trame de significations qui habitent leur vie, nous avons opté pour une méthodologie d'enquête de terrain dont la collecte principale de données s'est effectuée à partir d'entretiens semi-dirigés, individuels et collectifs. Précisons que ces entretiens n'ont visé qu'à former un cadre pour l'expression des récits de vie.

Les récits de vie constituent un instrument utile pour accéder au vécu subjectif des informateurs. De plus, le répondant se positionnant comme sujet, par le choix des mots et des termes utilisés ainsi que par la structure oratoire qu'il met en place, attribue lui-même une signification à l'expérience qu'il est en train de partager. Et c'est là précisément que se trouve l'intérêt du chercheur.

---

2. Le manque de compréhension à leur égard est souvent cité comme étant un problème majeur à affronter lors d'une tentative d'intégration.

Les récits de vie accordent ainsi la possibilité d'enregistrer les manières de penser, les vécus ou encore les rapports entre praxis individuelle et collective. Ils permettent également de comprendre, d'observer et d'expliquer comment est représenté, appréhendé, justifié ou senti – par l'intermédiaire d'une narration – le rapport symbolique qui unit l'individu à la société.

Dans la présente recherche, nous avons privilégié l'entrevue non directive (en quelque sorte, des entretiens récits) comme méthode principale de collecte de données, car nous préférions être en face d'un informateur qui se sent libre et à l'aise de s'exprimer sur des sujets relativement intimes, peut-être, en l'occurrence, difficiles à aborder. Dans un tel contexte, il est généralement préférable d'amorcer l'entrevue avec une question ouverte afin de l'orienter doucement vers les informations recherchées.

Dans ce type d'entrevue, l'intervieweur doit démontrer des attitudes de compréhension et de sensibilité à l'autre. Cette forme d'entretien permet, entre autres, de laisser l'informateur explorer lui-même la nature du problème alors que, dans un autre contexte, ce rôle est généralement tenu par le chercheur. L'entretien semi-directif fait donc énormément appel aux qualités humaines de l'intervieweur. Nous croyons avoir eu la sensibilité nécessaire pour obtenir de bons entretiens dans lesquels se sont engagés personnellement et activement les répondants.

Par ailleurs, l'expression non verbale du répondant, révélant ses états émotifs et ses attitudes, constitue pour nous un autre élément d'analyse. Les silences, le temps utilisé pour répondre, les hésitations ou, au contraire, l'empressement et la nervosité sont des attitudes à considérer comme faisant partie intégrante des données à analyser. Le niveau de langage (vulgarité par exemple), l'ordre des séquences ainsi que l'insistance sur certains événements ou certains termes constituent d'autres indicateurs. De plus, cette liberté laissée au répondant lui accorde la possibilité de situer le sujet dans son cadre de référence propre, ce qui nous permet de nous rapprocher encore plus près de sa réalité. « Ceci nous amène à considérer la communication résultant de l'entretien comme un processus (plus ou moins pénible) d'élaboration d'une pensée et non comme une simple donnée » (Quivy et Campenhoudt, 1995, p. 75).

3.3.2. LA STRATÉGIE DE COLLECTE DE DONNÉES

Comme il a été dit précédemment, c'est par l'entremise de réseaux d'anciens adeptes que nous avons pu repérer nos informateurs. À Montréal, l'organisme *Info-Secte* a accepté de servir d'intermédiaire dans notre recherche de candidats volontaires. Étonnamment, le bouche-à-oreille a été très efficace dans notre recherche de répondants : 25 individus ont accepté de participer à notre recherche, tous correspondant aux critères de sélection! Par conséquent, nous avons dû effectuer un tri afin de maximaliser les différences, notamment en ce qui a trait à l'origine des informateurs (type de groupe par exemple), à leur sexe et au nombre d'années passées dans l'univers sectaire.

Tous ces entretiens ont été effectués en face à face, confirmés d'abord par téléphone. Tous les participants, sans exception, se sont présentés au rendez-vous et se sont montrés généreux dans les détails divulgués. Certains sont allés jusqu'à dévoiler certains secrets, manifestant ainsi leur volonté de collaborer à la recherche d'une solution à ce problème complexe qu'est la socialisation première au sein d'une *Secte*, problème auquel ils ont à faire face à tous les jours dans leur processus d'intégration.

Toutes nos entrevues se sont déroulées sur une période de trois mois, soit entre mai et juillet 2004 à l'exception de l'entrevue avec Sara et des deux entrevues de groupe[3] qui ont eu lieu durant le mois de juillet 2005. Les entretiens, d'une durée moyenne de quatre heures, ont été enregistrés sur bande audio pour ensuite être transcrits *in extenso*. Nous avons pris des notes (mémos) qui ont forgé nos réflexions et intuitions tout au long du processus d'observation.

Pour ces raisons, nous n'avons pas élaboré un questionnaire fermé, mais plutôt un plan ou un guide d'entrevue. Ce plan contient les sujets à aborder nous permettant d'aller chercher les données désirées en fonction de nos objectifs de recherche. Nous avons divisé le questionnaire en deux sections: l'enfance[4] au sein de la secte (socialisation dans le groupe) et la vie après la sortie (sortie et intégration sociale). On retrouve cette grille à l'annexe A.

3.3.3. LES SOURCES PRIMAIRES ET SECONDAIRES

Les entretiens individuels

L'échantillon se compose de sept individus qui ont tous vécu une partie de leur enfance au sein d'un groupe sectaire que nous sommes en mesure de qualifier de *groupe religieux fermé*. Nous entendons, par cette appellation, un groupe dont l'idéologie préconise une rupture radicale avec la société et qui, par conséquent, procure à l'enfant une socialisation première

---

3. Nous y reviendrons un peu plus loin.

4. Nous n'avons pas fait référence de façon spécifique aux différents âges de l'enfance des informateurs étant donné que notre approche ne se voulait pas psychologique et que notre intérêt premier était de saisir les défis de l'intégration en société *après* la secte.

marginale. Les organisations choisies reflètent toutes cette idéologie. Dans certains cas, le répondant ne fréquentait aucunement le monde extérieur durant son temps dans la secte: ni pour rendre visite aux grands-parents ni pour aller à l'école.

Par ailleurs, nous avons voulu concentrer nos recherches sur des gens issus de groupes d'inspiration chrétienne afin de délimiter notre sujet.

Précisons que, pour faire partie de la présente étude, les sujets devaient avoir grandi dans un groupe religieux fermé d'inspiration biblique qui avait adhéré fortement aux croyances apocalyptiques. De plus, nous avons considéré que le répondant devait avoir quitté son groupe religieux depuis suffisamment longtemps pour pouvoir parler du processus d'intégration dans la société, un an ou deux n'étant pas suffisants. La moyenne de temps écoulé depuis la sortie de nos informateurs est donc de vingt et un ans. Le fils d'un fondateur, élevé au sein d'un de ces groupes, est retourné dans son milieu d'appartenance après vingt ans de sortie et n'a pas accepté de participer à l'étude.

Les conditions dans lesquelles s'est opéré le départ du groupe est un autre critère important dans le choix de nos informateurs. En effet, le départ devait avoir été fait sur une base volontaire. L'adolescent, par exemple, qui a suivi ses parents lors de *leur* départ ne correspond pas pour nous à un informateur. Notons, par contre, que nous avons choisi de garder l'entrevue de Luc qui a quitté son groupe à l'âge de 11 ans, étant donné qu'il manifeste dans l'entretien qu'il a délibérément fait un choix lorsqu'il a vu sa mère au loin lui faire signe qu'il pouvait s'enfuir alors qu'il travaillait au champ. Étant donné qu'elle ne pouvait pas physiquement rejoindre son fils alors qu'il était sur le terrain de la secte, c'était à lui de faire la démarche consciente de quitter ce lieu en courant vers la voiture.

De plus, le cas de Maurice a aussi fait l'objet de réflexions étant donné qu'il a été expulsé. Nous avons réalisé que cette destitution représentait l'étape finale d'un processus de départ qui avait été constitué d'allers-retours et qu'il avait déjà amorcé lui-même.

Quant aux lieux géographiques des organisations religieuses choisies, nos informateurs viennent du Canada (est et ouest) et des États-Unis. Les entrevues se sont déroulées en français ou en anglais, selon le cas.

Malgré le grand nombre de participants volontaires, nous avons préféré nous restreindre à sept participants afin d'obtenir des informations plus variées et plus riches. Ce choix s'est effectué également pour des raisons de manque de temps et de ressources financières.

Nous avons interrogé quatre femmes et trois hommes dont l'âge moyen est de 43 ans. Parmi ces sept informateurs, quatre sont enfants de fondateurs[5]. Afin de conserver l'anonymat de nos répondants, nous leur avons attribué des noms fictifs et avons enlevé les indications géographiques. Les fiches signalétiques, placées au début de chaque descriptif, donnent une brève description des participants. Les deux sœurs Mona et Sara ont fait partie successivement de deux groupes différents. La lettre *a)* correspond au premier groupe, alors que *b)* correspond aux données du deuxième.

Les entrevues de groupe

L'entrevue de groupe représente une autre façon originale de recueillir des données, cette fois à partir d'une discussion collective. Passant d'un thème à un autre, tous pertinents pour l'enquête, nos informateurs sont passés d'un état de mémorisation de souvenirs au récit biographique tout en répondant à certaines questions.

> [...] le groupe agit comme auto-correcteur en permettant à la personne de modifier son jugement et de donner une opinion plus nuancée ; le groupe peut recréer une sorte de microcosme social où le chercheur peut identifier les valeurs, les comportements, les symboles des participants (Deslauriers, 1991, p. 38-39).

Cette méthode nous a permis de vérifier certaines interrogations nées à la suite de nos entretiens individuels. Nous avons reçu l'invitation d'un de nos informateurs, poussé par l'enthousiasme de notre recherche, à une rencontre informelle où trois individus avec lesquels il a grandi, en plus de lui-même, étaient réunis. De plus, la conjointe d'un répondant, présente durant l'entretien, a participé activement à la conversation en faisant ressortir des éléments importants du processus d'intégration de son mari, elle-même n'ayant pas fait partie d'un groupe religieux.

Ils ont tous accepté que nous utilisions l'enregistrement sonore pour recueillir les données. La rencontre a duré environ six heures : souvenirs, anecdotes et récits de vie ont été partagés. De plus, cet entretien de groupe, auquel nous ferons référence dans les chapitres analytiques comme étant le Groupe 1, a été très efficace du fait qu'il s'est transformé en escalade de souvenirs où le rire cachait parfois la révolte ou la colère. Par ailleurs, le lien qui unit les répondants a fait en sorte qu'ils étaient moins gênés entre

---

5. Malheureusement, nous n'avons pu, au cours de cette étude, analyser les particularités des enfants dont le père ou la mère avait fondé leur groupe. Cela pourra faire l'objet d'une autre étude.

eux d'aborder des sujets comme les agressions sexuelles, sujet que nous n'aurions peut-être pas abordé, en tout cas pas de la façon dont on peut en parler entre personnes qui ont vécu le même genre d'événement.

Par ailleurs, à l'occasion d'un congrès scientifique, quatre individus qui avaient passé leur enfance au sein d'autres groupes sectaires d'inspiration chrétienne ont accepté de participer à l'étude par le moyen, eux aussi, d'une entrevue de groupe (Groupe 2). Deux de ces personnes sont actives au sein d'organisations dont la mission vise la protection des droits des enfants en milieu sectaire, réaction à leur enfance vécue au sein de milieux extrémistes.

Dans les deux cas, les discussions ont été animées, colorées d'émotions, tant négatives que positives, et tous les membres étaient directement concernés par le sujet. Encore une fois, l'intérêt et l'enthousiasme à nous livrer généreusement des données ont démontré clairement le besoin de recherches dans ce domaine. Ces rencontres nous ont permis d'avoir accès à des données que l'entrevue individuelle, focalisée exclusivement sur le cheminement personnel, n'a pas pu nous procurer. Étant plusieurs à participer à ces rencontres, nous avons pu lier la suite des événements d'un répondant à un autre, ce qui, en entrevue individuelle, n'est pas possible.

Au total, nous avons recueilli les témoignages de quatorze individus qui ont vécu au sein de sept groupes différents.

Les confidences

> Il existe enfin une autre sorte d'entrevue dont on fait rarement état, mais qui a pourtant produit des résultats inattendus : la conversation informelle, spontanée, parfois ultra-confidentielle, que la personne interrogée accorde au chercheur. Bien qu'elle se résume souvent à une conversation courtoise, ce genre d'entrevue peut parfois donner des indications précieuses au chercheur et lui permet une compréhension qu'il n'aurait pas eue autrement (Deslauriers, 1991, p. 37).

Il nous est arrivé d'obtenir des confidences de répondants qui sont venus nous voir à la suite d'entrevues de groupe, afin de nous rapporter des éléments qu'ils trouvaient essentiels, mais qu'ils ne voulaient pas nécessairement partager devant le groupe. Ces données ont été grandement utiles.

Les sources secondaires

Les biographies d'adultes qui ont vécu leur enfance dans un groupe religieux fermé demeurent difficiles à trouver. Les librairies virtuelles de l'organisme ICSA (International Cultic Studies Association) et du centre de recherche européen CESNUR (Center for Studies on New Religions), les centres de documentation Info-Secte et le CINR (Centre d'information sur les nouvelles religions), Internet et les bibliothèques universitaires représentent toutefois de bonnes sources documentaires. Nous avons ainsi eu accès à des autobiographies d'individus qui ont grandi au sein de l'organisation des Témoins de Jéhovah (Hewitt, 1997; Bouchard, 2001) et de l'Église de l'Unification (Hong, 1998). Nous avons de plus consulté, sans y faire référence directement, des biographies de gens qui ont grandi au sein de groupes polygames (Moore Emmett, 2004; Palmer et Perrin, 2004) et de La Famille/Enfants de Dieu (Davis et Davis, 1984).

Par ailleurs, nous avons transcrit certains reportages et certaines entrevues réalisés sur bande vidéo: Julia McNeil, enfant née au sein du groupe La Famille/Enfants de Dieu (Philips, 2004); Ricky Rodriguez (2005), né au sein de la même organisation, et Donna Collins (1999), première «enfant bénie[6]» de l'Église de l'Unification née en Occident. Nous avons, de plus, recueilli les témoignages de Patrick Rardin, du groupe American Society for the Defense of Traditional Family Property, et de Tina Lehrbach, des Témoins de Jéhovah (Mali, Rardin, Lehrbach et Goldberg, 1998), tous deux entrés dans ces communautés religieuses en bas âge avec leurs parents. Enfin, plus près de nous, Richère David (Marceau, 2003) et Richère Boutet (Prince, 2004), toutes deux nées au sein du mouvement la Mission de l'Esprit-Saint, nous divulguent leur cheminement d'intégration en société depuis leur départ.

En dernier lieu, nous nous sommes dirigée vers les témoignages de Ruth, qui a grandi au sein de la communauté canadienne polygame de l'Église fondamentaliste de Jésus-Christ des saints des derniers jours (Clarens, 2005) et de Robyn Bunds (Carroll et Annin, 1993) qui a passé une partie de son adolescence au sein du groupe de David Koresh à Waco (Texas). Leurs propos ont été recueillis au cours d'entrevues journalistiques. Bien entendu, toutes ces sources secondaires n'ont pas un contenu qu'il nous est possible de «contrôler» et nous les utiliserons en étant consciente de ce statut[7].

Pour terminer, nous avons effectué un voyage à Waco au Texas où nous avons pu échanger avec des sociologues et des membres actuels du groupe davidien, qui nous ont livré des informations sur les enfants qui ont survécu à la tragédie.

---

6. L'expression *enfant bénie* renvoie aux enfants qui sont nés de couples qui ont été mariés par le révérend Moon, fondateur de ce mouvement.

7. Le lecteur peut se reporter à l'annexe B, au tableau présentant les sources secondaires.

3.3.4. LA MÉTHODE D'ANALYSE

Nous situons notre enquête dans un schéma classique de recherche : l'établissement de la problématique, suivie de la vérification de la validité de nos hypothèses sur le terrain. Nous appuyant sur le postulat que certaines circonstances particulières peuvent être en mesure de dégager un profil dominant, nous avons séparé les caractéristiques, les particularités et les spécificités du récit de chaque narrateur en un certain nombre de variables. Nous avons ainsi pu voir surgir des constantes et des similarités qui nous ont fait découvrir certains aspects communs.

Comme le confirme Muccielli, les analyses qualitatives visent « [...] la saisie de récurrences et de constantes qui apparaissent par-dessous le foisonnement des contenus qui captivent toujours la conscience immédiate » (1991, p. 49) et permettent une recherche des « systèmes formels sous-jacents » (1991, p. 49) aux problèmes humains. Elles ont également comme objectif de « [...] faire apparaître des éléments non immédiatement explicites (type de situations, processus de transformations, valeurs, attitudes...) qui peuvent rendre compte des caractéristiques communes des individus en question » (1991, p. 98).

Concrètement, nos entretiens nous ont permis d'analyser la réalité vécue par les informateurs au moment de leur enfance, telle qu'ils se la représentent depuis leur sortie de la secte ainsi que leur expérience de vie depuis leur départ. Certes, ils nous ont donné accès à des données biographiques intéressantes, mais c'est l'étude qualitative du discours qui nous a permis de mettre en relief les éléments, tant du processus de socialisation primaire que d'intégration en société. Ainsi, les perceptions, les sentiments, les descriptions et les impressions d'un passé à deux temps, celui vécu à l'*intérieur* de la secte et celui vécu à l'*extérieur* de la secte, forment le thème central des entretiens. Même si ces rencontres ont pris la forme de récits de vie, il n'en reste pas moins que la *Secte*, dans ce contexte, est devenue la référence centrale du récit.

Or, à partir de récits d'expériences individuelles et collectives, nous tenterons de saisir, dans les chapitres à venir, la vie sociale des gens qui ont été socialisés dans un milieu autre que celui de la société moderne, tout en essayant de comprendre leurs stratégies d'adaptation en vue de s'intégrer. La pratique quotidienne, la prise de conscience du processus d'intégration, l'interprétation personnelle des événements ainsi que les attitudes face à la vie nous apprennent ainsi l'histoire sociale (Deslauriers, 1991).

4

RÉSUMÉ DES ENTREVUES

NOM	*Carole*	
Âge à l'entrée		**Âge à la sortie**
7 ans		23 ans
Sortie depuis (au moment de l'entrevue)		**Temps passé dans la secte**
16 ans		16 ans
Circonstances d'entrée		**Scolarité**
Père fondateur		• École publique • Secondaire terminé • Cégep abandonné
Description du père		**Description de la mère**
• Engagé à temps plein dans le groupe • Double vie : leader religieux/alcool, jeu, adultère		• Engagée à temps plein dans le groupe • Malade
Abus		
Aucun		

Carole est âgée de 7 ans lorsque son père fonde un organisme communautaire pour les gens démunis. Le succès de l'entreprise incite le fondateur à s'y donner à temps plein et à entraîner toute sa famille dans l'aventure au point d'aménager un logement à même les locaux de l'organisation. Les différents projets mis en œuvre par l'équipe dirigeante attirent une clientèle de gens en difficulté, clientèle que les membres du groupe cherchent à «convertir» et à évangéliser. Certains membres actifs de l'organisation s'engagent en prononçant des vœux, dont celui de la chasteté.

Cependant, Carole apprécie moins le fait que l'endroit soit si fréquenté, jour et nuit. Face à cette vie communautaire, elle vit deux sentiments contradictoires: l'admiration et la honte. Elle trouve en effet que l'organisme poursuit des objectifs nobles, mais, en dehors, elle ne parle jamais de ce qui se passe à l'intérieur de la fraternité. Carole aurait été plus à l'aise si ses parents avaient poursuivi leurs engagements en dehors du cadre familial. Pour ces raisons, elle aurait voulu que sa famille quitte ce lieu de résidence.

Par ailleurs, Carole se sent très seule. Plus elle grandit et plus elle prend ses distances par rapport à cette religiosité qui constitue pour elle la cause de ses problèmes. À l'adolescence, elle refuse totalement de s'impliquer. Ses parents, malgré le fait qu'elle les considère comme étant extrémistes, ne l'y obligent pas. Carole prétend aujourd'hui qu'elle s'est éduquée par elle-même, ses parents étant trop occupés par les activités communautaires.

Même s'il est permis aux adolescents de sortir pour des activités de loisirs, de lire des romans ou autres publications non chrétiennes, les adultes du groupe ne se permettent pas ce genre d'écart, car ils côtoieraient ainsi le *monde*. Les enseignements doctrinaux parlent de la fin du monde, du retour du Christ et de la présence de Satan sur terre et justifient ainsi leur retrait du monde. Cette attitude partagée par les adultes de la communauté permet à Carole de croire que son groupe est vraiment coupé de la société. Ce constat lui rend la vie difficile. Par exemple, aller à l'école du quartier constitue pour elle un exercice ardu car la différence est notable entre la vie communautaire et l'extérieur. Elle tente par le silence de cacher sa vie familiale et de garder secrètes les activités communautaires car la gêne et la honte accompagnent peu à peu son quotidien. Ce n'est qu'à 23 ans qu'elle envisage de quitter l'organisation lorsqu'elle se marie avec un membre du groupe.

Le drame de Carole se vit autour de sa découverte, par l'intermédiaire des médias, de la double vie de son père. En effet, avec les années, ce dernier a vécu peu à peu une double vie: il développe des problèmes d'alcool et de jeu compulsif et vit en état d'adultère. De plus, le conseil d'administration qui gère l'organisme découvre que le fondateur – ce dernier ayant été nommé directeur général à vie – aurait fraudé l'organisation. Les membres du conseil d'administration, sans dénoncer le présumé coupable, ont démissionné les uns après les autres : l'organisme n'existe plus aujourd'hui.

Le contre-témoignage de cet homme dit « de foi » a bouleversé la vie de Carole. Aujourd'hui, âgée de 39 ans, elle a fait changer le nom de ses enfants afin qu'ils ne portent pas la honte familiale.

NOM	*Émile*	
Âge à l'entrée		**Âge à la sortie**
4 jours		23 ans
Sorti depuis (au moment de l'entrevue)		**Temps passé dans la secte**
19 ans		23 ans
Circonstances d'entrée		**Scolarité**
Adopté illégalement		• École privée
		• Secondaire terminé
		• Changement d'école chaque année
Description du père		**Description de la mère**
Né dans le groupe, pratiquant		• Fanatique
		• Violence physique
Abus		
Violence physique sévère		

Adopté illégalement à l'âge de quatre jours, c'est-à-dire «acheté» sur le marché noir par un couple appartenant à un groupe sectaire fermé, Émile a vécu un fort sentiment de culpabilité durant toute son enfance. En effet, l'idéologie de ce mouvement lie directement le salut des adeptes à l'état de sainteté de la progéniture. L'obsession de la perfection de ses parents a justifié les nombreuses raclées qu'il a reçues. D'ailleurs, la violence verbale et physique de sa mère lui a valu de frôler la mort à quelques reprises. Étant donné la rupture quasi totale du groupe avec l'extérieur, personne, pas même celle qui soignait ses plaies, sa grand-mère, n'a fait de signalement aux autorités. Les visites médicales étaient totalement proscrites.

Cette rupture avec le monde extérieur ne permet pas non plus aux enfants de fréquenter l'école des environs. Paradoxalement, le père d'Émile, lui-même né dans ce mouvement[1], a toujours voulu que son fils soit instruit et, pour cette raison, l'a envoyé à l'école privée. Émile a été ainsi un des rares de ce groupe, sinon le seul, à fréquenter une école dont le projet éducatif était approuvé par l'État.

---

1. Notons ici que son père n'a pas, lui non plus, fréquenté l'école publique.

Pour ce groupe apocalyptique, le *monde* est essentiellement pécheur, l'Église traditionnelle est corrompue, la fin du monde est imminente et sortir du groupe signifie être voué à la perdition.

Néanmoins, le fondateur repère chez le jeune garçon des talents de prédicateur et lui offre une formation en communication. Déjà, à l'âge de 13 ans, Émile donne ses premiers enseignements à l'assemblée. Il croit fermement qu'il deviendra prédicateur au sein du mouvement. Il sera terriblement déçu lorsque son père, à cause d'un conflit avec le dirigeant, décide de partir pour joindre une autre branche du même mouvement. Émile perd ainsi la relation privilégiée qu'il avait avec celui qui l'avait formé peu à peu à sa profession de pasteur.

Grâce à sa fréquentation scolaire, Émile accède à plusieurs ouvrages littéraires, ce qui éveille son jugement critique. Il profite des prédications pour tenter de réformer le mouvement auquel il appartient mais les dirigeants le menacent d'excommunication. Devant l'impasse, Émile veut actualiser un départ. Après quelques allers-retours, sa décision initiale se concrétise lorsque les leaders mettent leur menace à exécution et le chassent.

Sorti du groupe à l'âge de 23 ans, il n'a pu se résigner à abandonner l'idée de devenir pasteur, rôle auquel il s'était totalement identifié. Après quelques années de libertinage, il suit une formation dans une Église protestante où il reçoit un diplôme de ministre du culte. Aujourd'hui, à 42 ans, divorcé, sans enfants, il décide de fonder sa propre Église où il pourra enfin réaliser son rêve.

NOM	*Julie*	
Âge à l'entrée		**Âge à la sortie**
1 an		23 ans
Sortie depuis (au moment de l'entrevue)		**Temps passé dans la secte**
21 ans		22 ans
Circonstances d'entrée		**Scolarité**
Mère fondatrice		• École publique • Retirée à 13 ans pour l'école de la communauté • École non reconnue
Description du père		**Description de la mère**
• Absent, ne vit pas dans le groupe • Incapable d'obtenir la garde		• Fondatrice • Violence verbale et physique
Abus		
Violence physique et psychologique		

Fille de la fondatrice du groupe, Julie avait 1 an lorsqu'une première famille est venue vivre avec la sienne, sous le même toit. Cadette d'une famille de six enfants – tous de pères différents –, Julie a grandi au rythme de la croissance d'un groupe religieux qui, au moment d'écrire ces lignes, compte quelque 350 membres.

Abusée physiquement par une mère violente et autoritaire, Julie a, depuis toujours, recherché l'amour maternel qu'elle n'a jamais reçu. Sans cesse séparée de sa mère au nom de paroles prophétiques auxquelles elle devait obéir, Julie a grandi sans réel encadrement. Sa vie quotidienne a été partagée entre les activités improvisées du «groupe d'enfants» de la communauté, les pratiques religieuses et la fréquentation de sans-abri, d'anciens toxicomanes ou d'alcooliques, clientèle que voulait aider et convertir la communauté. Il arrivait qu'elle doive vivre avec ces étrangers: se faire garder par eux, partager leurs repas ou dormir dans leur dortoir.

Par ailleurs, ce groupe apocalyptique définit le *monde* comme un néant: les gens qui y vivent sont *sans âme*, ils ne font qu'exister. La fin du monde est si imminente pour ce groupe qu'ils creusent même dans la terre, avec les enfants, un endroit pour se cacher en vue des jours sombres annoncés.

Adolescente, Julie reçoit une prophétie de sa mère désignant son futur époux. Elle obéit, se marie avec l'homme choisi par la fondatrice et devient mère de deux enfants. Réalisant que ces derniers risquent de grandir dans les conditions abusives qu'elle a connues, son instinct maternel réagit. Dès lors, elle projette avec son mari de quitter le groupe. Le processus décisionnel durera quatre ans.

Julie quitte finalement la communauté à l'âge de 23 ans avec son mari et ses deux jeunes enfants. Certaine qu'elle «perdrait son âme» au contact du *monde*, elle s'attend à une mort imminente. Il lui faudra dix ans pour réaliser qu'elle a, tout comme les *gens du monde*, une âme ou, du moins, une flamme quelconque qui la maintient en vie.

Le père de son mari étant millionnaire et vivant en dehors de la communauté, il suffit d'un contact avec lui pour obtenir de l'aide financière. Par la suite, son mari, diplômé en travail social, a trouvé un emploi assez facilement.

Aujourd'hui âgée de 44 ans, elle dirige, conjointement avec son mari, une clinique spécialisée en violence familiale et tente de terminer sa maîtrise en intervention sociale.

NOM	*Maurice*	

Âge à l'entrée	Âge à la sortie
3 ans	**25 ans**

Sorti depuis (au moment de l'entrevue)	Temps passé dans la secte
21 ans	**22 ans**

Circonstances d'entrée	Scolarité
Mère monoparentale recrutée	• **École publique** • **Secondaire terminé**

Description du père	Description de la mère
• **Très riche millionnaire** • **Absent, ne vit pas dans le groupe** • **Ne cherche pas à retirer l'enfant**	• **Monoparentale et très pauvre lors du recrutement**

Abus
• **Aucun** • **Témoin de violence verbale et physique**

Maurice est le deuxième d'une famille de trois enfants, la première famille recrutée au sein du groupe auquel appartenait Julie. Il avait 4 ans lorsque sa mère, monoparentale qui avait de la difficulté à joindre les deux bouts, a accepté de se joindre à la mère de Julie afin de fonder un nouveau mouvement religieux.

Malgré la violence à l'égard des enfants qui était constante dans cette microsociété, Maurice a toujours fait ce qu'il fallait pour ne pas attirer l'attention des adultes. Solitaire, il jouait, presque de façon obsessionnelle, avec des centaines de bouchons de bouteilles qu'il imaginait être des soldats. De plus, la lecture l'occupait énormément. Sa jeunesse s'est donc déroulée principalement dans son monde solitaire et imaginaire.

Favori de la fondatrice et cité souvent en exemple, Maurice a vu son monde bouleversé lorsqu'il a dû obéir à une prophétie : la fondatrice lui désigne Julie comme future épouse alors qu'ils étaient tous deux adolescents. Il avait toujours perçu Julie comme sa sœur étant donné qu'ils avaient été élevés ensemble. Maurice se trouve, aujourd'hui encore, troublé par sa relation maritale qu'il a toujours jugée incestueuse.

Alors âgé de 25 ans, Maurice quitte le groupe avec sa femme et ses deux enfants. Sa première tentative a échoué lorsque la dirigeante, devant l'annonce de ce départ, a risqué sa vie en se jetant dans la rue devant une voiture, démontrant ainsi son désarroi. La famille a réussi à quitter définitivement le groupe lors d'une deuxième tentative.

Après son départ, l'impression constante d'avoir « perdu son âme » force Maurice à se battre quotidiennement contre son envie suicidaire. Sa vie, devenue à ses yeux inutile, ne lui procure plus la valorisation comme dans son groupe. Il s'accroche à l'amour qu'il a pour ses enfants et à sa passion pour la lecture. Outre ces difficultés, son intégration en société reste difficile, notamment à cause du harcèlement constant de la fondatrice au moyen d'appels téléphoniques et de lettres de menaces. Aujourd'hui âgé de 46 ans, il est directeur d'une clinique spécialisée en violence familiale et poursuit, à temps partiel, des études de doctorat en psychologie.

NOM	*Luc*		
Âge à l'entrée 8 ans		**Âge à la sortie** 11 ans	
Sorti depuis (au moment de l'entrevue) 35 ans		**Temps passé dans la secte** 3 ans	
Circonstances d'entrée Kidnappé par son père, cofondateur		**Scolarité** • École de la communauté • École non reconnue • Primaire	
Description du père • Millionnaire, a soutenu l'organisation financièrement • Cofondateur • A kidnappé son fils		**Description de la mère** • Elle réussit à retrouver Luc et à le sortir du groupe.	
Abus • Séparation totale d'avec ses parents • Violence physique			

Deuxième d'une famille de trois enfants, Luc s'est réveillé un matin, à l'âge de 8 ans, dans un lieu à l'allure d'un monastère. Son père, alors séparé de sa mère, l'avait effectivement conduit à 4500 kilomètres de chez lui, dans ce groupe religieux extrêmement fermé à la société. C'était, en fait, un enlèvement. À partir du moment où Luc a mis les pieds dans cet endroit, il n'a pu prendre contact avec sa mère, sa famille ou ses amis, ni par téléphone, ni par lettre. Même si son père demeurait dans le monastère, il n'était pas possible pour Luc de lui parler, à moins que ce ne soit que pour quelques minutes, deux ou trois fois par année.

Groupe d'inspiration catholique s'opposant fermement au concile de Vatican II, la congrégation a nommé son propre pape. Les chefs appliquent une rigidité absolue, notamment à l'égard des enfants. Ces derniers ne vivent en effet ni avec leurs frères et sœurs s'ils sont de sexe opposé, ni avec leurs parents, car ils doivent se préparer à l'unique avenir qui leur est proposé: devenir des êtres consacrés. Le mariage n'étant pas une option, les vœux se prononcent dès l'âge de 14 ans.

Luc a donc vécu une partie de son enfance dans un lieu austère où les rituels religieux étaient nombreux, l'école publique interdite et le travail ardu. En plus de porter la bure et de garder le silence en tout temps, il a mangé de la nourriture avariée, a connu la faim et le froid et a travaillé à la construction où il devait hacher du bois et tailler du roc, et ce, dès l'âge de 8 ans. Chanceux, dit-il, d'être le fils d'un millionnaire qui finançait cette organisation, il n'a pas subi les agressions sexuelles et autres actes violents auxquels la plupart des enfants ont été soumis.

En substance, ce groupe fondamentaliste enseigne que le *monde* est mauvais, satanique et dangereux. En sortir signifie échouer sa vie et vivre son éternité en enfer. Il n'y a donc qu'une seule façon d'en sortir, c'est de fuir. Ceux qui fuguent se font vite récupérer au village et subissent des punitions physiques importantes. Luc pense qu'il vaut mieux se soumettre et abdiquer.

Sa mère, faisant tout en son pouvoir pour sortir Luc de cet endroit, a dû affronter les limites des forces policières face à la légitimité religieuse. En effet, lorsque, mandat en main, les policiers étaient nombreux à venir les libérer, les enfants eux-mêmes (dont Luc faisait partie) se sont cachés, étant certains que des « suppôts de Satan » venaient les enlever, laissant, aux yeux des policiers, les lieux sans enfants. Il est arrivé également qu'ils aient été transportés à quelque deux cents kilomètres des lieux de la congrégation afin de se cacher dans des sous-sols de maisons.

La deuxième stratégie de sa mère a été de s'allier au curé du village. Luc n'aurait eu qu'à fuir et se rendre au presbytère. Elle aurait pu ainsi le récupérer. Luc dit avoir trop cru aux messages des sermons donnés en communauté pour être en mesure de poser ce geste.

Devant la paralysie de son fils, sa mère fait une troisième tentative : elle engage un détective privé qui l'aide à sortir Luc de là elle-même. Cette fois, Luc combat ses pensées et tente le tout pour le tout. Lorsqu'il reconnaît sa mère au loin, alors qu'il travaille à l'extérieur dans un champ, il court vers elle et, en voiture, ils s'enfuient. Il sera demeuré trois ans dans cette institution.

Luc prétend que cela lui a pris au moins trois ans avant d'être à l'aise en société, à l'école et avec des amis. Encore aujourd'hui, il a peur d'échouer sa vie, pensant qu'il peut être encore contrôlé par les *esprits du mal* dans ses décisions.

Aujourd'hui âgé de 46 ans, Luc, divorcé et père de deux enfants, est ingénieur et s'adonne à la musique. Il côtoie plusieurs de ses cousins et cousines qui ont vécu dans le même groupe et qui en sont aujourd'hui sortis. Il fréquente encore son père de 80 ans et tente actuellement de défendre ses droits d'héritier étant donné que celui-ci, encore très actif au sein du groupe, veut léguer toute sa fortune à la communauté.

NOM *Mona*

Âge à l'entrée	Âge à la sortie
7 ans	**16 ans**

Sortie depuis (au moment de l'entrevue)	Temps passé dans la secte
26 ans	**9 ans, en deux épisodes**

Circonstances d'entrée	Scolarité
• **Famille recrutée (a)** • **Père fondateur (b)**	• **École publique** • **Retirée au primaire (a)** • **Retour à l'école** • **3e secondaire terminée (b)**

Description du père	Description de la mère
• **Est parti avec toute sa famille (a)** • **Fondateur (b)** • **Violence verbale** • **Jeu compulsif, déviance sexuelle**	• **Recrutée par le groupe (a)** • **A quitté son mari** • **Demeure très fanatique**

Abus
• **Abus sexuels** • **Violence verbale** • **Coercition**

C'est dans un groupe du genre «hippy» que Mona, à l'âge de 7 ans, a vécu sa première expérience communautaire. Son quotidien est alors partagé avec cinquante autres membres, pour la plupart artistes et bohèmes, qui logent dans un ancien monastère.

Mona vit un inconfort profond avec ce type de vie où les cérémonies religieuses sont fréquentes, les loisirs et les jeux, inexistants (à part certaines activités artistiques), et les contacts avec les parents, presque proscrits. Mona a vite manifesté des comportements rebelles. Lorsqu'elle refuse dorénavant d'aller à l'école, son père l'en retire et lui fait vivre la vie «responsable» d'une adulte. Les tâches ménagères (dans cet ancien monastère), le travail de la ferme et les activités religieuses remplissent alors ses journées.

Commune d'inspiration catholique, son horaire quotidien est déterminé à la manière des ordres monastiques: les offices religieux (psaumes, vêpres, complies, messe, rosaire, etc.), le travail (tâches ménagères, travail sur la ferme, travail artisanal destiné à la vente) et les repas. Par ailleurs, les enfants sont pris en charge par une responsable qui voit à leur éducation et à leur emploi du temps.

Mona sera réconfortée lorsqu'elle apprendra par son père leur départ du groupe, à la suite d'un désaccord avec le chef. Mais, peu de temps après, la religiosité paternelle se manifeste par la fondation d'une autre communauté, cette fois-ci d'influence protestante. Mona est alors mise en contact avec une religiosité intense, voire extrême, où chaque instant doit être vécu sous l'inspiration divine. Elle assiste à des exorcismes, à de nombreuses nuits de prières et de réunions, à des exercices spirituels complexes et elle participe à des rituels sexuels. Le leadership est exercé par le membre fondateur, le père de Mona, qui s'accorde parfois avec un groupe d'*Anciens*[2]. Le groupe n'existe plus aujourd'hui.

Même si elle prétend n'avoir jamais cru aux enseignements prodigués par le fondateur, dont ceux sur la fin du monde et sur Satan, Mona affirme que, faute de ne pouvoir confronter ce discours à aucun autre, la peur finit par s'installer. De plus, Mona reçoit une formation de *prophétesse* étant donné que le chef dit reconnaître en elle des dons et des charismes extraordinaires. La symbolique des choses prend une place centrale dans cette conception du réel et la prophétie constitue l'agent directif auquel tous doivent obéir.

C'est sans aucun doute le rapport à l'autorité – au sein des deux groupes – qui laissera dans la vie de Mona son empreinte la plus profonde. Dans la commune, Mona se sent sans défense et «minuscule» devant le dirigeant. Dans la deuxième fraternité, son père violent et souvent colérique – apparemment mu par la colère divine – déclenche chez Mona un sentiment profond gravé en elle à jamais : la peur de l'autorité.

Quoique Mona se sente acceptée des membres de cette fraternité et généralement aimée par eux, elle rejette profondément tous les aspects de cette expérience et, à l'âge de 16 ans, décide de partir, choisissant l'unique option possible : la rue. Peu de temps s'écoulera avant qu'elle ne devienne enceinte.

N'ayant pas d'endroit où aller, elle accepte, à cause de sa condition, de retourner dans la communauté, bien consciente qu'elle devra suivre de nouveau les règles. La première règle à suivre est bien entendu celle de purifier l'enfant, étant donné qu'il a été conçu du *monde*, conséquemment

---

2. Terme biblique fréquemment employé dans les groupes communautaires d'inspiration chrétienne. À ce sujet, consulter dans la Bible : Actes, 14,23 et l'explication du terme (TOB, 1980, p. 419, note w).

appréhendé comme étant *satanique*. Pour ce faire, elle doit se faire «ensemencer» par un adepte jugé «saint». Âgée alors de 16 ans et le «saint» homme de 40, Mona dit ne pas avoir vécu ces rapports sexuels comme des agressions ou des viols. Par contre, lorsqu'elle découvre qu'elle n'est effectivement pas enceinte, mais qu'elle avait plutôt été victime de ce que la médecine qualifie de *grossesse nerveuse*, elle actualise rapidement un autre départ.

Sa dernière tentative de sortie réussit grâce à sa prise en charge par le système de la protection de la jeunesse. Mona explique que, si elle avait su plus jeune qu'un tel organisme existait, elle aurait quitté le groupe bien avant. C'est d'ailleurs grâce à une ancienne adepte adulte qui avait hébergé Mona quelque temps qu'elle a connu son existence. Le jugement de cour utilise le terme de *cruauté mentale* et retire tout droit parental à son père qui ne peut ni côtoyer sa fille ni lui parler. Le juge a ainsi enlevé aux parents la garde de Mona. Placée en maison d'accueil, elle termine l'école secondaire et se trouve un emploi dans la restauration.

Au fil du temps, Mona développe certains problèmes psychosociaux. Elle éprouve des difficultés dans ses rapports avec ses supérieurs dans le cadre de ses activités professionnelles, réagissant constamment aux figures d'autorité. Elle ne parvient pas à garder un emploi. De plus, bien que sociable, Mona se considère comme asociale, cherchant à fuir le plus possible toute relation permanente.

Vingt-cinq ans après sa sortie, Mona ne se considère toujours pas intégrée dans la société et craint de ne jamais le devenir. Elle ne regarde que le présent. Elle tente d'ignorer le passé… et le futur. Elle vit au jour le jour et dit qu'elle n'a plus besoin de projets d'avenir.

NOM	*Sara*	

Âge à l'entrée	Âge à la sortie
9 ans	**29 ans**

Sortie depuis (au moment de l'entrevue)	Temps passé dans la secte
14 ans	**20 ans, en deux épisodes**

Circonstances d'entrée	Scolarité
• **Famille recrutée (a)** • **Père fondateur (b)**	• **École publique** • **Secondaire terminé**

Description du père	Description de la mère
• **Est parti avec toute sa famille (a)** • **Fondateur (b)** • **Violence verbale** • **Jeu compulsif, déviance sexuelle**	• **Recrutée par le groupe (a)** • **A quitté son mari** • **Demeure très fanatique**

Abus
• **Abus sexuels** • **Violence verbale et abus psychologiques** • **Coercition**

Sœur aînée de Mona, Sara n'a pas vécu les mêmes événements de la même façon. Âgée de 9 ans lorsque ses parents la préparent à vivre au sein d'une commune, elle vit cette aventure comme des moments heureux. Le premier sentiment, celui d'une «libération» de ses parents, l'ouvre à cette nouvelle expérience. Côtoyant quotidiennement les membres-artistes du groupe, elle trouve dans la commune un endroit où elle peut s'exprimer. Le fait de ne pas avoir de jeux ou de sports ne lui procure aucune frustration étant donné qu'elle peut s'adonner au travail du cuir, faire du théâtre, de la danse et de la musique. Par ailleurs, les nombreuses activités religieuses lui conviennent très bien, car elle prétend, encore aujourd'hui, y avoir rencontré Dieu. Le jour où elle a appris de ses parents qu'elle devait quitter ce groupe a été pour Sara un jour bien triste. Elle devait rompre, sans raisons, avec des amis auxquels elle s'était attachée.

Bien qu'il ait quitté cette communauté avec toute sa famille, cela n'a pas empêché son père de s'engager de plus en plus en religion. Il s'est mis notamment à prêcher un peu partout dans sa région et Sara, convaincue d'avoir une mission spirituelle à accomplir, l'accompagne dans son ministère. Encore jeune, elle est initiée aux formes dynamiques de la religiosité à mouvance charismatique où elle apprend à opérer elle-même des exorcismes et à donner des prophéties. Elle s'est vite fait repérer par son père (et autres chefs spirituels) comme étant une «appelée bien spéciale». Fille du fondateur, elle se voit déjà prendre la relève du groupe.

Mais tel ne fut pas le cas. Le leader réclame une intensité de tous les instants, une attention et une obéissance constantes à l'inspiration dépassant trop souvent les limites de la raison.

Pensant au début mettre sur pied des projets concrets d'évangélisation et d'aide humanitaire, le groupe a quelque peu dévié de ses croyances de base. La croyance apocalyptique a en effet renforcé la tendance introvertie du groupe au point où les membres se percevaient dorénavant uniquement comme des *prophètes du retour du Christ*. Plutôt que de s'engager dans des projets concrets, les membres ont été confinés à une activité exclusivement spirituelle et mystique. Ainsi, au lieu d'activités, le mouvement parlait maintenant d'infiltration au sein du *monde* régi par Satan où l'obéissance à la guidance spirituelle était devenue le seul objectif, croyant fermement en son pouvoir magique sur la réalité.

Durant les dernières années, quatre personnes de la communauté décèdent trop jeunes (par maladie). Lorsque Sara se voit, pendant une année, vivre des problèmes de santé dont les symptômes s'apparentent à ceux de la tuberculose, la pression insoutenable qu'elle vit au quotidien l'amène à considérer la possibilité de sortir. Sans métier et sans réel soutien, c'est à l'âge de 29 ans qu'elle décide finalement de quitter son groupe.

En plus des problèmes évidents d'adaptation auxquels Sara doit faire face, elle développe des problèmes de phobie. Croyant encore, au début, au pouvoir surnaturel, elle se pense poursuivie par un monde invisible et se perçoit comme vivant dans un monde surréaliste où Satan et ses suppôts contrôlent chaque aire géographique sur laquelle elle marche et chaque personne qu'elle rencontre. De plus, elle vit des problèmes affectifs et sexuels inattendus. Lorsqu'elle réalise que les rituels sexuels auxquels elle a participé dans sa communauté étaient en fait des agressions et qu'elle réalise que tout ce monde auquel elle avait cru si profondément détenait la couleur de l'utopie et de l'arnaque, elle fait une tentative de suicide.

Aujourd'hui, elle vit seule et demeure profondément déçue après avoir réalisé que ses rêves, ses aspirations et l'identité qu'elle croyait posséder n'étaient finalement qu'une illusion. Elle rejette maintenant le religieux et en est à sa dixième année de psychothérapie. Âgée de 43 ans, elle réussit cependant très bien une carrière artistique et entretient de bonnes relations avec ses amis.

5

LES RÉSULTATS DE L'ENQUÊTE

Décider de quitter le milieu sectaire, c'est entrer, consciemment ou non, dans un monde tout autre. Ce changement, nos informateurs le confirment, n'est pas anodin : il signifie un certain passage dans une société aux codes différents, ce qui implique un véritable changement de réalité. Berger et Luckmann illustrent notre propos :

> La rigoureuse logique de sa discipline contraint le sociologue à se demander, au cas où il n'existerait rien d'autre, si la différence entre les deux « réalités » ne peut pas être comprise à partir des nombreuses différences entre les deux sociétés (Berger et Luckmann, 2003, p. 9).

Ainsi, les sectateurs de la deuxième ou de la troisième génération qui prennent un jour la décision de quitter leur milieu risquent de connaître une disparité de codes et de valeurs. En d'autres termes, ils sont susceptibles de se retrouver devant le contraste des rationalités qui existe entre la société dominante et la société sectaire.

Il est entendu que résoudre des questions aussi pratiques que suffire à ses besoins économiques, se trouver un lieu de résidence ou se créer un nouveau réseau social constituent les priorités de l'individu en voie d'intégration. Ceux qui ont connu des sévices ou subi certaines négligences durant leur enfance ont de plus à faire face au défi de surmonter psychologiquement ces traumatismes. Par ailleurs, quitter la secte[1] peut également

---

1. Nous utilisons ici le terme « secte » parce que les informateurs l'utilisent. Nous maintenons les considérations et précautions théoriques énoncées au chapitre 1. Par conséquent, nous n'utiliserons pas l'italique et la majuscule.

représenter une séparation avec la famille et les proches. Cette rupture, selon le degré de radicalité de l'univers normatif de la secte, peut signifier une répudiation de la part des parents ou des figures parentales, à moins que ceux-ci ne quittent la secte à leur tour. Ces déchirements d'ordre émotif s'ajoutent aux défis que représente cette importante décision.

Outre ces difficultés, l'individu découvre peu à peu que la rationalité sectaire a probablement atteint toutes les sphères de sa vie. De plus, il peut réaliser que ses connaissances et celui qu'il est devenu s'intègrent difficilement dans une société qui appartient à un monde qu'on a qualifié pendant trop longtemps de «mauvais» et de «satanique». Et c'est ici, selon notre analyse, que l'on peut identifier l'un des traits de personnalité dominants de l'émigré de la secte : sa *vision du monde*.

La pensée magique, l'attente eschatologique, le recours à une seule autorité afin de prendre des décisions, la vie religieuse intense, la vie communautaire, la rationalité fondée sur un contre-modèle de la société moderne, bref, tous ces paramètres de la socialisation sectaire – pour n'en citer que quelques-uns – préparent difficilement un enfant à devenir un citoyen de la modernité. En analysant nos données, nous avons constaté que c'est la vision du monde, plus que tout autre paramètre, qui constitue la variable déterminante des difficultés rencontrées tout au long du processus d'intégration en société des personnes issues de milieux sectaires. C'est la vision du monde intériorisée, construite à partir d'une *orientation des valeurs* (Kluckhohn et Strodtbeck, 1973) différente de celle de la société, qui fait en sorte que l'individu socialisé en milieu sectaire est devenu, bien malgré lui, un acteur social marginal.

Cette vision du monde particulière se forge principalement par l'intermédiaire d'une socialisation religieuse qui affecte trois paramètres précis de la socialisation primaire.

- Le premier, la construction sociale de la réalité, fondée sur une rupture avec un monde qualifié de mauvais, crée une conception de la réalité marquée par un véritable **manichéisme**.

- Le deuxième, la construction de l'**identité** du sujet, élément central dans tout processus de socialisation première, se fait dans un cadre où un rôle spirituel et utopique est survalorisé au détriment de toutes les autres facettes de l'identité.

- Le troisième paramètre, le processus d'intériorisation de l'**univers social** du groupe, s'actualise par l'environnement normatif de la secte qui est, en tout et pour tous les actes du quotidien, légitimé par le religieux. Cette source première de légitimation des actions et des valeurs subit nécessairement un choc à la sortie de la secte.

Ainsi, ces trois paramètres concourent à faire du processus de socialisation première en milieu sectaire un processus de socialisation marginale, de sorte que celui qui tente de s'intégrer dans la société se retrouve avec des attitudes, des croyances ou des comportements qui peuvent s'avérer inadaptés au monde dans lequel il s'insère.

Par ailleurs, il semble à première vue – même pour nos informateurs – que le jour du départ de la secte ait d'abord été perçu comme la fin d'un processus, non le début d'un autre. L'individu socialisé en milieu sectaire n'envisage pas, à ce moment-là, de vivre des difficultés d'intégration. Il présuppose plutôt que le temps et le contact avec de nouvelles relations faciliteront une courte période d'adaptation. Bien que de nouvelles relations et expériences favorisent l'intégration sociale de certains de nos informateurs, d'autres, plus particulièrement ceux qui ont adhéré plus profondément à l'idéologie religieuse du groupe, semblent éprouver des difficultés sérieuses lors de leur intégration, au point de penser sérieusement à retourner à la secte ou même à se suicider.

Nous savons que l'univers symbolique sectaire ne correspond pas, ou correspond très peu, à l'univers signifiant de la société. Le processus de socialisation secondaire en société, fondé sur la base des références fournies par la socialisation première du milieu sectaire, risque donc d'être entravé. En conséquence, certaines références de la socialisation première ralentissent, voire empêchent, le processus d'intégration.

Est-ce à dire que l'intégration en société pour ces individus est impossible? Une option intéressante est proposée par Berger et Luckmann: la resocialisation. Ce processus s'actualise par la désunion des éléments cohésifs de la réalité subjective afin de faire place à une nouvelle réalité signifiante. Il faut, pour ainsi dire, déconstruire la réalité subjective intériorisée lors du processus de socialisation première: cheminement quelque peu douloureux.

En conséquence, il semble que le problème du processus d'intégration sociale puisse être qualifié globalement par un long cheminement de déconstruction d'une conception du monde, puis d'une reconstruction d'une autre, soit un processus de resocialisation. À la lumière des théories de Mead (1969) et plus particulièrement de celles de Berger et Luckmann (2003), nous avons repéré, lors de l'analyse de l'ensemble des entrevues, quatre stades importants du processus d'intégration qui permettent la resocialisation. À l'inverse, les échecs de la resocialisation découlent d'une incapacité à traverser ces étapes du processus. Nous exposons ici le processus global de resocialisation (figure 5.1):

Figure 5.1
Processus global d'intégration sociale

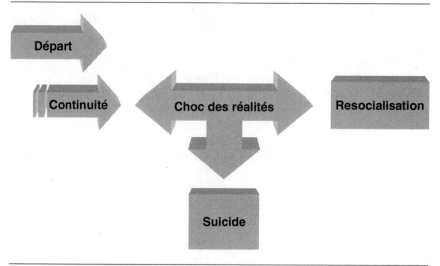

Processus global de resocialisation :

- **Processus d'intégration**
  - **Départ :** le sectateur réussit à franchir les obstacles liés aux mécanismes de rétention de la secte. Il prend la décision de quitter son groupe et concrétise son départ. Le processus de délégitimation s'amorce.
  - **Continuité :** malgré le fait que l'individu ne vit plus dans la secte, il continue de faire une lecture religieuse de la réalité, il tente de jouer le rôle sectaire pour lequel il a été formé au sein de la société et il reproduit l'environnement normatif dans son quotidien et dans la société.
  - **Choc des réalités :** l'ancien sectateur prend conscience que sa vision du monde ne lui procure pas les outils nécessaires pour fonctionner adéquatement en société et il accepte de vivre une déconstruction de la vision du monde intériorisée[2]. Lors de cette période intense, difficile et plus ou moins longue, l'individu a l'impression de vivre entre deux mondes sans faire complètement partie de l'un d'eux. Alors qu'il rejette peu à peu la vision du monde de sa socialisation

---

2. Il est entendu que cette déconstruction ne peut se faire que partiellement. Par contre, la vision du monde peut être, à cette étape, suffisamment déconstruite pour ne plus constituer un obstacle à l'intégration de l'individu.

primaire, il ne saisit pas encore tout à fait les réalités (codes, valeurs, références normatives, etc.) de la « nouvelle » société. Cette étape risque donc d'être marquée, à divers degrés, par une période d'anomie, par un deuil du rôle appris dans la secte et par un processus de délégitimation des référents de la vision du monde sectaire, processus qui, bien qu'amorcé au départ de la secte, est ici vécu de manière plus consciente, plus accentuée et plus critique.

- **Resocialisation :** les réalités subjectives déconstruites lors du processus d'intégration peuvent être remplacées lors du processus de resocialisation, notamment par l'attachement à de nouveaux autruis significatifs, par l'accès à l'éducation et par la confrontation à la réalité quotidienne. Le processus de resocialisation reconstruit la réalité et l'univers signifiant de celui qui devient peu à peu un nouveau citoyen de la société moderne.

Selon nos informateurs, le cheminement global d'intégration – qui ne se vit pas de façon linéaire – a une durée moyenne d'une dizaine d'années (à partir de la date du départ). Dans les chapitres qui suivent, nous tenterons de démontrer l'impact des trois paramètres de la socialisation religieuse – la conception **manichéiste** de la réalité, la construction de l'**identité** et **l'univers social sectaire** – sur les étapes du processus de resocialisation que nous venons de décrire.

6

LA CONCEPTION MANICHÉISTE
DE LA RÉALITÉ

6.1. LA SOCIALISATION PREMIÈRE PAR LA TRANSMISSION D'UNE VISION DU MONDE MANICHÉENNE

La socialisation religieuse fait généralement partie intégrante de tout processus de socialisation première. Un parent transmet habituellement à son enfant, dès le jeune âge, les valeurs auxquelles il s'attache. Nous avons voulu aller plus loin en examinant ce qui fait la particularité de la socialisation religieuse des enfants vivant en milieu sectaire.

Nous avons repéré dans notre analyse trois variables qui caractérisent la socialisation religieuse des enfants des sectes, que nous développerons tout au long de cette section.

- L'univers social dans lequel l'enfant sectateur grandit lui procure une intensité religieuse, réservée généralement à des *virtuoses,* intensité qui se répercute dans tous les aspects de sa réalité quotidienne, ce que nous appellerons la **socialisation** *hyper* **religieuse.**

- L'univers symbolique religieux intériorisé comme un monde *allant de soi* devient l'unique monde signifiant existant de l'enfant, car la **vision manichéenne du monde,** qui justifie une rupture avec le monde extérieur, occulte toutes les autres options religieuses.

- Les **croyances apocalyptiques** nourrissent abondamment la vision manichéenne du monde en conférant à la secte un aspect protecteur particulier contre les présumées calamités à venir.

6.1.1. LA SOCIALISATION *HYPER* RELIGIEUSE COMME CADRE DE LA CONSTRUCTION D'UNE VISION MANICHÉENNE DU MONDE

La socialisation religieuse des enfants sectateurs est renforcée par la rupture avec la société, qui en conséquence isole la secte. Cela empêche bien entendu l'enfant de vivre un réel processus de socialisation secondaire. En fait, le milieu religieux fermé qu'est la secte maintient l'enfant, même lorsqu'il est adolescent, dans les seules références et comportements appris lors de la socialisation première. Ce type de socialisation ne permet pas à l'individu en croissance de confronter le bagage intériorisé de sa socialisation première avec des éléments nouveaux étant donné qu'il n'a pas l'occasion d'être en relation avec d'autres agents socialisateurs que les adeptes de la secte. Dans ce contexte, nous qualifions la socialisation religieuse des enfants des sectes de socialisation « *hyper* religieuse ».

Par ailleurs, la typologie troeltsch-wébérienne qualifie la religiosité sectaire de religiosité « d'intensité radicale », réservée à des *virtuoses* religieux. Les enfants des sectes baignent ainsi dans un univers religieux destiné à des gens « qualifiés religieusement » : activités religieuses longues et intenses, rituels complexes, doctrine particulière et même, dans certains cas, régularisation de la temporalité où chaque instant est organisé en fonction de la religiosité, comme le vivent, par exemple, les ordres monastiques.

Comme l'exprime Maurice, ces activités religieuses sont ennuyeuses pour les enfants : « *Parfois, on nous traînait dans les réunions qui duraient quatre ou cinq heures, où il fallait être tranquilles.* » Bien plus, elles remplacent dans le groupe de Mona les activités éducatives, le jeu ou le sport : « *Je ne me rappelle pas d'avoir joué moi, à cet âge-là.* [...] *Les activités finalement, c'était la prière.* » Il semble selon les récits des informateurs que les activités religieuses occupaient une grande place dans le quotidien des enfants :

> *C'était présent dans chaque chose qu'on faisait. Au départ, dans une journée, un quotidien, tu avais toujours des prières. Tu avais des prières quand tu te levais le matin, avant de déjeuner, après déjeuner, avant dîner, après dîner, avant le souper, après le souper. Il y avait aussi une prière au coucher. Ça, c'est en plus de ce qu'il pouvait y avoir durant les réunions religieuses.*
> (Émile)

La vie quotidienne dans les groupes de Mona, Sara, Luc et Émile est fortement régulée. Mona choisit de décrire son enfance en la comparant avec la vie quotidienne des ordres monastiques : lever très tôt, prières ponctuelles (vêpres, complies, etc.), tâches ménagères et travail de la ferme, repas et coucher tôt. La temporalité ainsi organisée pour les adultes du groupe devient une contrainte avec laquelle l'enfant n'est pas en mesure de s'harmoniser. Mona exprime son conflit intérieur lorsqu'elle raconte qu'«*à 7 ans, tu vis la vie d'un moine de 60 ans dans un monastère! [...] On ne fait pas ça à ses enfants! [...] Les vêpres dans l'après-midi, et puis le chapelet, les prières avant de manger! Je détestais ça, et puis je trouvais ça long!*» La citation de Carole expose bien sa réaction de rejet de l'aspect totalisant du religieux sectaire:

> *C'était trop. [...] Mon impression, c'est que c'était tout le temps. [...] Mes parents parlaient toujours de ça* [de la religion]. *[...] j'en ai eu trop dans ma vie. [...] Oui, j'en ai trop eu! [...] C'était trop!* (Carole)

Le contraste qui existe entre le niveau de virtuosité religieuse qu'exigent les activités religieuses sectaires et le stade de développement auquel sont encore les jeunes enfants contribue à créer un contexte favorable à une socialisation religieuse totalisante. Luc explique ici la façon dont il a appris à saluer les gens: «*On saluait avec: "Vive Jésus Marie" et les autres répondaient: "Et saint Joseph". C'est comme ça que tu disais bonjour!*» Si l'on prend le cas de Sara, on note qu'elle devait se lever en pleine nuit afin d'écrire ses rêves, considérés comme de véritables messages de Dieu. Il semble à première vue que le religieux, dans le contexte sectaire, est omniprésent dans la vie de ces enfants, jour et nuit.

Quant aux rituels complexes propres à la virtuosité religieuse, ils sont incompréhensibles et astreignants, parfois même abusifs[1] pour les enfants. Mona exprime qu'elle n'adhérait aucunement à la compréhension rattachée aux rituels trop complexes et au langage ésotérique utilisé dans son groupe:

> *C'était long, c'était ennuyeux et compliqué. [...] Je n'ai jamais rien compris moi-même! Je n'étais pas heureuse à* [mon groupe] *parce que je ne comprenais rien. Je n'ai jamais rien compris: les histoires de* mathématiques, *de* symboles, *de* cellules, *de* noyaux *et d'*étoiles. (Mona)

À titre d'exemple, l'exorcisme, exercice normalement réservé à des virtuoses religieux, constitue ici une activité religieuse dans laquelle on implique des enfants. Mona et Sara affirment qu'elles accompagnaient leur père/leader lors de séances d'exorcisme alors que, très jeune, Julie a assisté à l'exorcisme de sa sœur de 8 ans:

> *J'ai vu des gens trembler, crier, vomir, pleurer... lors des ministères de libération.* (Sara)

> *Je me rappelle que ma sœur de 8 ans avait des cauchemars et ma mère y voyait qu'elle était possédée du démon. [...] On est allé à l'église et elle a amené ma sœur en avant, où le ministre était. Ma sœur criait parce qu'elle avait peur. Elle était devant une centaine de personnes dans l'église et se*

---

1. Nous regarderons de plus près cet aspect au chapitre 8.

faisait dire qu'elle était possédée du démon. Ces Anciens *sont venus lui imposer les mains. Ils priaient pour elle en disant aux démons de partir. Je me rappelle avoir été très apeurée par ça. Je me rappelle que, plus tard, quand j'ai eu mes propres cauchemars, je n'ai jamais dit à ma mère que j'avais des cauchemars parce que je ne voulais pas être étiquetée comme ma sœur comme une possédée du démon.* (Julie)

Par ailleurs, pour un adulte qui adhère à une idéologie religieuse, la doctrine représente l'ensemble des croyances ou des principes à appliquer afin que sa conduite soit conforme à sa religion. Pour un enfant élevé en milieu sectaire comme Julie, la doctrine représente plutôt sa réalité quotidienne et son mode de vie : *« La doctrine, c'était la façon de vivre. […] Ce n'était pas comme si on avait dit : "ça, c'est la doctrine". […] C'était toujours présent dans la vie quotidienne. »*

Effectivement, pour l'enfant, contrairement à l'adulte, la doctrine ne peut ni être remise en question ni être comparée, discutée ou choisie. Émile atteste d'ailleurs qu'il ne peut affirmer s'il croyait à la doctrine étant donné qu'il n'était pas en mesure de la remettre en question : *« Pour moi, c'était un acquis. […] Tu ne te poses pas de questions. C'est ça et ce n'est pas autre chose. […] Je ne peux pas dire que j'y croyais, je peux dire que je ne le mettais pas en doute. »*

De plus, les parents se réfèrent systématiquement à des versets de la Bible comme référence normative à l'égard des comportements ou des questions des enfants. Cette citation de Carole reflète bien ce que les autres informateurs ont décrit dans leur récit : « [la Bible] *C'était la vérité, c'était la vie. Toutes les réponses que tu voulais, c'était là-dedans ! Puis moi, me faire répondre par une affaire de verset de Bible ! […] C'est pour ça que je ne jasais pas avec mes parents, ils me répondaient toujours par les paroles de la Bible. »*

Ainsi, les activités religieuses, l'éducation et la doctrine procurent à l'enfant un environnement où l'intensité religieuse est omniprésente dans son quotidien, favorisant ainsi une socialisation *hyper* religieuse.

6.1.2. LES COMPOSANTES DE LA VISION DU MONDE MANICHÉENNE

Nous avons vu plus tôt que la *Secte* est définie par la plupart des sociologues comme un univers marginal en tension avec la société dominante. Bien plus, divers juristes constatent qu'elle peut constituer, dans certains cas, une microsociété violente, illégale et abusive, notamment à l'égard des enfants. Cependant, le bagage que reçoit l'enfant des sectes est, à l'inverse, fondé sur le fait que c'est la société globale qui est pour lui l'environnement déviant, immoral et malsain, non pas la secte. Pour l'enfant des sectes, donc, la société moderne et les éléments qui la composent ont été définis comme étant un monde duquel il doit se méfier, un monde méchant, diabolique, biaisé et voué à la destruction : le *monde*.

Comme certains de ces enfants vivent en rupture totale avec la société séculière dès leur jeune âge, leur perception de l'extérieur s'établit à partir des récits des parents, qui rejoignent facilement leur imaginaire. Maurice a d'ailleurs eu de la difficulté à imaginer le monde comme un véritable endroit : « *C'était quelque chose que je pouvais imaginer ou penser, mais ce n'était pas réel.* » Pour lui, ce monde portait l'apparence de l'invraisemblance : « *Ce n'était même pas une option* [aller dans le monde]. *Ce n'était pas quelque chose qui existait. Ça ressemblait plutôt à un genre de vide !* » Sara l'imagine à son tour comme vraiment dangereux : « *Moi, j'avais toujours l'image que c'était vraiment atroce en dehors.* »

Le *monde*, ainsi défini *de l'intérieur*, porte parfois l'apparence d'images comparables à celles des contes fantastiques. La socialisation religieuse de ces enfants accorde un pouvoir maléfique au *monde* extérieur, créant chez ces derniers une perception manichéenne du monde où le véritable combat se livre avec des puissances ténébreuses :

> *Notre situation était conçue comme un combat contre les forces du Malin* [...]. *Ça c'était, en fait, ma vision du monde, mon sens de ce qui se passait dans le monde.* [...] *Et même avant l'âge de 10 ans, j'avais un sens détaillé du mal dans le monde.* [...] *Que le monde était celui du mal, charnel* [...] (Maurice)

> *Le monde extérieur, c'était Satan. C'était vraiment… Tout le monde qui est en dehors fait partie de… Ils ont dit oui à Satan. Autrement dit, si tu sors de la maison, tu t'en vas dans le monde satanique.* (Mona)

Le *monde* est ainsi défini comme étant un lieu redoutable par les autorités de la secte : les êtres qui y habitent sont perçus de l'intérieur comme méchants, dangereux et menaçants. Comme les interdictions de contact avec l'extérieur sont strictes afin de préserver une attitude d'hostilité envers le *monde*, ce contexte d'isolement amplifie chez l'enfant la perception que le *monde* est un endroit dangereux, habité par des êtres exécrables :

> *Les amis extérieurs : tu fréquentes des gens de l'extérieur, c'est un danger. Il ne faut pas que tu fasses ça. Ils disent : « Il faut que tu détestes ce que le monde aime ».* [...] *Donc, tous ceux qui étaient des « non », qui ne faisaient pas partie de* [mon groupe], *ils étaient à éviter.* (Émile)

> *Papa disait souvent : « Allez-y dans le monde, allez voir, après ça vous allez revenir, vous allez pleurer. Allez-y voir comment ils sont pervers et comment ils sont ci et ils sont ça…* [...] *Allez-y, vous allez voir que ce n'est rien ici. Vous allez voir, vous allez passer au* batte [être maltraités] *là-bas. Ici, ce n'est rien !* » (Sara)

Il ne fallait pas que tu communiques… C'était impensable de communiquer avec un étranger. Si quelqu'un qu'on ne connaissait pas se promenait dans le bois, on allait voir le supérieur pour aller lui parler. Moi, je n'y parlais pas. […] C'était du «monde», des pécheurs, du monde qui allait nous amener… (Gilles, Groupe 1)

Nous retrouvons cette interdiction de contact avec les gens de l'extérieur dans le récit d'une source secondaire:

On n'avait même pas le droit de parler aux voisins. Comme on restait quand même dans un secteur résidentiel, c'était interdit de jaser avec les voisins. Tu as 5-6-7-8 ans, tu veux jaser! (S9)

En contrepartie, la vision manichéenne du monde définit la secte en lui procurant une charge significative positive, protectrice de ce monde menaçant. La secte est présentée aux enfants comme étant un refuge à l'abri du mal extérieur. Nous avons constaté que cette perception est partagée par l'ensemble des informateurs. Ici, il apparaît clairement dans les propos de Luc et Maurice que la secte est synonyme d'exclusivité, occultant ainsi toute autre voie de salut qui pourrait être proposée par d'autres traditions religieuses:

Ils disaient toutes sortes de choses comme «C'est ici que se passe ce que Dieu veut qu'on fasse. C'est ici. Jésus nous a dit qu'on était pour être sauvés nous autres. C'est pas eux autres en dehors: du monde. Si vous sortez dans le monde, vous allez perdre votre chance d'entrer au ciel. Vous allez échouer dans le monde. Il n'y a aucune manière de réussir dans le monde. C'est ici que vous allez réussir à trouver le ciel.» (Luc)

Ce groupe dans lequel j'étais était centré sur la lumière et la purification. Oui, vers l'âge de 10 ou 12 ans, j'étais vraiment d'accord avec le fait que j'étais aussi un des enfants de la Bible et que le monde était à l'extérieur. J'étais à l'intérieur avec les personnes spéciales de la Bible et le monde était charnel. (Maurice)

Nous serons à même de constater plus loin l'importance de l'impact de cette vision manichéenne du monde sur le processus d'intégration.

6.1.3. LA CROYANCE APOCALYPTIQUE COMME RENFORCEMENT DE LA VISION MANICHÉENNE

Nos informateurs sont tous issus de mouvements apocalyptiques. L'interprétation religieuse de la fin du monde est le corollaire direct de la vision manichéenne, construite elle-même par une interprétation fondamentaliste des livres bibliques[2]. Si le monde est mauvais, il sera détruit, et seuls les

2. Notamment le livre de l'Apocalypse et le livre de Daniel.

élus (dans la secte) seront sauvés. Ainsi, le processus de socialisation religieuse de ces enfants comporte une insistance particulière sur l'imminence de l'avènement de la fin du monde. Selon le degré de fermeture avec l'extérieur et l'intensité religieuse des groupes, l'interprétation du livre de l'Apocalypse, par ces «groupements volontaires utopiques» (Séguy, 1999), prend peu à peu la forme de la réalité. La croyance apocalyptique du parent transmet à l'enfant des sectes une vision du monde portant la couleur du réel.

Maurice et Émile racontent ici deux anecdotes marquantes de leur enfance où la fin du monde était attendue de façon réelle et imminente:

> *Donc, vous êtes trois cents dans une salle: «Repeuplez-moi cette planète-là, ça presse parce qu'ils vont tous disparaître les autres! Écoute, on en a grand, commencez tout de suite!» Écoute, c'était presque ça! [...] C'était comme un feuilleton: tout le monde allait mourir et nous autres, il fallait survivre. Il y avait des gens qui prenaient des commandes: des caisses de mélasse, des caisses de farine... [...] Ils construisaient des faux murs [...] et les remplissaient de provisions jusqu'au plafond: du sucre, du sel. Pourquoi les faux murs? Parce que, quand la fin du monde va arriver, on va manquer de tout et là, ils vont faire quoi? Les gens du monde vont venir te voler tes affaires. Donc, il fallait tout camoufler. [...] Il y a eu des épidémies d'insectes, c'était épouvantable! Et puis les maisons, [...] les planchers de maison descendaient, il fallait qu'ils mettent des poteaux [...]. Il y a des gens qui avaient acheté pour 15 000 $ à 20 000 $ de nourriture! Des barils de mélasse [...] Tu avais des familles qui avaient 10-12 enfants! Donc, si tu en veux pour deux ou trois ans, il faut nourrir tout ce monde-là! C'était la folie! [...]* (Émile)

> [Ma fondatrice] *disait qu'il y aurait une guerre nucléaire. Nous étions dans le salon et elle* [ma fondatrice] *s'est mise à découvrir le plancher et à creuser pour construire un abri* (bunker) *contre les bombes... dans le plancher de sa maison. Nous creusions l'abri pour les bombes et les enfants, on chantait* abcdefg.... *Ensuite, je me rappelle que, plus on creusait, plus on devenait conscients que nous étions en danger: le monde était pour sauter. Un soir,* [ma fondatrice] *et ma mère étaient sorties, nous laissant seuls, nous les enfants, âgés de 3 à 12 ans. Nous, les huit enfants des deux familles, avions été laissés à la maison à construire l'abri des bombes* (bunker) *[...]. Je me souviens d'un soir où nous étions convaincus qu'il y avait des mauvais esprits à l'extérieur. Je me souviens d'avoir été complètement apeurée et je me rappelle que* [ma fondatrice] *et ma mère sont arrivées à la maison à peu près à deux heures du matin et tous les enfants pleuraient et criaient. Nous étions dans un état de panique totale pensant que la fin... [...]* [ma fondatrice] *et ma mère sont revenues et nous ont trouvés criant et pleurant de peur que les esprits mauvais nous attaquent.* (Maurice)

L'enfant qui baigne dans cet univers est socialisé dans un environnement où l'expectative de la fin du monde fait partie de sa réalité quotidienne. Comme l'expliquent Berger et Luckmann, il s'installe ici une symétrie entre l'intériorisation subjective de la vision du monde par la croissance dans une conception manichéenne du monde (*nomos*) et le regard de l'enfant sur la société objective, qui lui est présentée par le moyen d'activités aussi farfelues que de remplir ses greniers de denrées ou de construire un *bunker* au nom de doctrines apocalyptiques. Ainsi, l'aspect apocalyptique de la socialisation religieuse première nourrit abondamment la vision manichéenne du monde de l'enfant. D'une part, cette socialisation procure à l'enfant des images de guerres finales qui sont pour lui bien réelles et, d'autre part, elle donne une signification bienheureuse et sécurisante à la secte. Cette dernière devient pour l'enfant le seul endroit protégé et voulu par Dieu. Les lourdes charges signifiantes du *monde* et de la *secte* deviennent de cette manière intériorisées et objectivées. La fin du monde et les événements apocalyptiques constituent pour l'enfant sectateur, à cause de la vision du monde intériorisée lors de sa socialisation première, une réalité et non le fruit de l'imaginaire et de l'utopie.

Le caractère de l'urgence ou de l'imminence des événements apocalyptiques est également bien présent dans les récits de nos informateurs, montrant le sentiment de peur éprouvé par les enfants. Citons, par exemple, Luc : « *On avait peur, car c'était pour arriver pas mal vite* [la fin du monde] », de même que Carole : « *L'Apocalypse oui. Ça va arriver bientôt parce que les signes…* » ou encore Mona : « *On parlait juste de fin du monde ! J'en ris aujourd'hui, mais j'avais peur !* »

Ainsi, nous constatons que le langage était constamment porteur de cette conception de la fin du monde, notamment chez Sara qui affirme : « *La fin du monde, le livre de l'Apocalypse, c'était du quotidien. C'était toujours présent.* » La croyance en la doctrine sectaire semblait un gage de salut, lorsque Carole affirme, par exemple, que « *si tu crois en Dieu, tu vas être protégé* » de ce destin qui apparaissait véritablement inéluctable pour le reste du monde. Plus encore, la secte semblait constituer une sorte de lieu qui serait immunisé contre la fin du monde, comme le signale Mona : « *La terre va s'écrouler, mais nous autres, on ne mourra pas, tu sais !* » ou Gilles (Groupe 1) : « *On serait tellement protégé que le feu aurait pu se rendre aux portes du monastère sans jamais pénétrer les lieux !* » La citation suivante de nos sources secondaires résume bien le tableau utopique : « *Le lien qui unissait les milliers* [d'enfants] *qui assistaient* [à l'assemblée] *se trouvait dans la conviction sincère qu'Armageddon se produirait d'ici quelques mois* » (S2, p. 28).

6.2. LA VISION DU MONDE, UN MÉCANISME DE RÉTENTION EFFICACE

Le processus d'intégration démarre au moment où l'individu envisage sérieusement de laisser la secte car, comme nous l'avons vu, quitter le mouvement religieux fermé signifie implicitement faire ses premiers pas en société.

Après avoir lu la section précédente, il est plus facile de saisir pourquoi les informateurs évoquent la *peur*, voire la terreur, de *«perdre leur âme»* (Maurice), de passer leur *«éternité en enfer»* (Luc) ou encore de *«mourir»* (Julie). Nous sommes également plus enclins à comprendre Sara qui craint d'être tributaire du *«pouvoir exercé à distance»* par le guide spirituel de son groupe. Ces sentiments ont fait partie de la réalité à laquelle les informateurs ont eu à faire face lorsqu'ils ont décidé de partir. Cependant, certains sectateurs enfants/adultes, pour ces raisons, n'auront pas le courage de quitter leur groupe et, dans cette perspective, la peur transmise par la construction de la vision du monde agit fortement comme mécanisme de rétention.

Luc, encore enfant, a eu plusieurs possibilités de sortir du milieu très fermé et abusif dans lequel il vivait. Sa mère, vivant à l'extérieur, a tenté à quelques reprises de lui fournir la possibilité concrète d'effectuer une fugue. La première fois, alors qu'elle réussit à le rencontrer lors d'une visite, elle s'organise avec le curé de la paroisse voisine. Selon ses plans, Luc n'avait qu'à s'enfuir et à se rendre chez le curé; celui-ci la contacterait afin qu'elle vienne chercher son fils. Même si Luc avait peur de se faire retrouver par les dirigeants et alors d'être traité comme un possédé du démon, il affirme avoir eu peur de quitter son groupe car il *se croyait élu par Dieu*. Cette certitude de l'élection divine, élément de la vision du monde intériorisée, empêche Luc, alors âgé de 10 ans, d'actualiser son départ. Même si le lieu physique de la secte n'était pas emmuré, Luc dit qu'il *«était psychologiquement clôturé, emprisonné. [...] »* Il ajoute: *«Je pensais que j'étais élu comme les autres quatre cents. [...] J'avais toujours ma chance de partir et je ne l'ai jamais prise. »*

Après d'autres tentatives de sa mère, Luc choisit finalement de partir en luttant contre sa vision manichéenne du monde. Il affronte sa peur de mourir et d'être possédé du démon et choisit de suivre sa mère. Celle-ci, accompagnée cette fois d'un détective privé, parvient à le trouver alors qu'il travaille à l'extérieur au champ. Encore une fois, nous sommes à même de constater combien la vision manichéenne du monde peut agir comme mécanisme de rétention:

> *En premier, il y avait des cassettes qui jouaient dans ma tête. La première chose à laquelle j'ai pensé: «Est-ce que je vais échouer ma vie?» parce qu'ils me disaient: «Tu vas périr dans le monde et le monde va te détruire.» [...]*

C'était comme dans un rêve. C'était la première fois que je décidais dans ma tête: «Je m'en fous des maudits pères et je m'en fous si je vais mourir parce que je suis possédé du démon!» Puis j'ai été... dans l'auto... (Luc)

Sara, qui vient d'un groupe assez fermé à la société, insiste dans son récit sur la perception de l'extérieur. Nous avons souligné au chapitre 1, en nous référant à Danièle Hervieu-Léger, que plus un groupe est coupé du monde, plus le dérapage vers la pure utopie peut envahir le quotidien des adeptes. De plus, considérant que Sara a adhéré à l'idéologie assez fortement et qu'elle y a passé dix-neuf ans, la terreur produite par l'idée d'une éternité passée en enfer ou par la croyance en l'imminence de la fin du monde a agi efficacement dans son cas comme mécanisme de rétention. D'ailleurs, dans son récit, elle exprime que sept ans plus tôt, alors qu'il aurait été aisé pour elle de partir, elle avait choisi de demeurer au sein de la secte, mue par ses convictions qu'à l'extérieur un monde sans protection des forces maléfiques l'attendait.

Alors, tu commences à avoir peur de l'extérieur, tu commences à croire en des doctrines sur l'extérieur: les démons, et puis les hiérarchies de démons qui dirigent la planète, et Satan qui a le pouvoir, etc. [...] Toutes ces analyses ont fait en sorte qu'il m'était tout à fait impossible de considérer de sortir du groupe. J'avais réellement peur de ce monde puissant. Quand je suis sortie, je sautais dans un vide énorme où les mains de Satan étaient prêtes à m'accueillir. Quand je suis sortie, je me suis cachée de Dieu parce que j'étais certaine que j'irais en enfer. (Sara)

Outre la peur, le *risque de perdre* la réalité signifiante et subjective construite dans la secte semble être un élément non négligeable qui convainc l'individu de demeurer au sein de la secte. C'est sans conteste l'exemple de Maurice qui est ici le plus démonstratif.

Selon les enseignements de son groupe, le *monde* est formé de gens qui n'ont pas d'âme. Cela signifie que ces individus vivent des vies inutiles et sans valeur, contrairement aux membres de la secte qui se considèrent comme faisant partie, grâce à leur élection divine, du seul projet qui peut donner de la valeur à l'existence humaine: le plan eschatologique de Dieu. En quittant la secte, Maurice croit fermement que, du même coup, non seulement perdra-t-il toute la protection à laquelle a droit un être «choisi de Dieu», mais, de plus, il devra passer du statut d'«élu» à celui d'«inutile». En quittant son groupe, Maurice croit qu'il deviendra radicalement une personne du *monde*, perdant ainsi tous ses acquis spirituels. Maurice formule à ce propos: *«Je pensais que j'étais pour avoir une existence dénuée de sens.»*

Devant la grande importance accordée par Maurice tout au long de l'entretien à la crainte de la perte de son âme et d'une vie dorénavant dénuée de sens et sans valeur, nous supposons que Maurice croyait avoir plus à perdre qu'à gagner dans cette décision de quitter son groupe[3]. Ce choix volontaire de partir, pour celui qui a vécu son enfance au sein d'une secte, comporte à ses yeux un risque qu'il choisit de prendre, ce qui n'est pas nécessairement le cas de celui qui a adhéré au groupe religieux à l'âge adulte. Ici, c'est moins la peur que le *risque de perdre* les acquis liés à la vision du monde qui semble constituer la force de ce mécanisme de rétention. Il sera facile de saisir plus loin pourquoi Maurice, à la suite de son départ, a dû faire face à des problèmes suicidaires.

6.2.1. RAISONS DE DÉPART LIÉES À LA VISION DU MONDE INTÉRIORISÉE

Nous avons constaté, lors de notre analyse, que les raisons de départ des enfants des sectes n'étaient pas d'abord liées à la mise en doute de la doctrine, contrairement aux adultes qui décident de quitter la secte (Skonovd, 1983). Il semble que les gens de la dernière génération quittent leur groupe pour des raisons différentes. Nous aurons la chance d'examiner un peu plus loin les raisons de départ qui ont donné la force à nos informateurs d'affronter les peurs et les risques, tant réels que symboliques, que comportait pour eux la décision de quitter la secte. Cet extrait d'une source secondaire nous rappelle encore une fois que celui qui actualise un départ doit inévitablement affronter les peurs suscitées par la vision du monde intériorisée :

> *Je sortis dans le soleil de cet après-midi de printemps sans regarder en arrière ; je marchais vers la liberté… mais j'avais peur. Je me demandais si j'allais trouver une place dans ce monde qu'on ne m'avait appris qu'à rejeter comme étant l'œuvre du Diable. Mais il y avait cette force en moi, qui me soufflait que je trouverais les ressources nécessaires pour surmonter cette peur, la dompter. Je le savais. Il le fallait.* (S10, p. 9)

---

3. Notons au passage que l'initiative du départ venait de sa femme, ce qui a grandement influencé Maurice dans sa décision. Il a d'ailleurs changé d'avis à la dernière minute lors de sa première tentative.

6.3. LA CONTINUITÉ DE LA VISION DU MONDE TRANSMISE PAR LA SOCIALISATION RELIGIEUSE

L'analyse de nos données nous a permis de nommer le premier défi qu'ont dû surmonter nos informateurs immédiatement après la sortie de la secte : l'étape de la *continuité*. En substance, au contact de la nouvelle société, l'ex-secteur doit faire face aux conséquences de sa socialisation marginale, son habitus, qui lui fait « voir les choses sous un jour déterminé » (Durkheim, 1969, p. 37). À ce stade-ci, l'individu issu du milieu sectaire pourrait être comparé à un étranger qui ne parle pas la langue du pays, à un professionnel titulaire d'un diplôme qui n'est pas reconnu dans un corps professoral ou encore à l'immigrant qui connaît des lois et qui adhère à des valeurs différentes du pays auquel il tente d'appartenir. Or, il nous apparaît évident qu'après leur sortie, nos informateurs ont *continué* d'interpréter les événements selon le contenu des enseignements religieux de leur enfance : que ce soit dans leurs comportements, dans leurs façons de penser ou dans leur regard sur le monde. Car si nous nous plaçons dans le contexte d'une socialisation *hyper* religieuse, où l'intensité religieuse et la rupture avec le *monde* ont été mises en priorité selon l'orientation des valeurs (Kluckhohn et Strodtbeck, 1973) de la secte, le système de significations qu'est le religieux a laissé une empreinte profonde sur la perception de la réalité de ces individus[4].

Weber a tenté de démontrer, dans la perspective de la sociologie compréhensive, que les conduites sociales ne peuvent être bien comprises qu'à partir de la vision du monde des individus. Tous les répondants, sans exception, ont *continué*, après leur sortie, de percevoir la société à partir de leur regard dichotomique et de faire une lecture religieuse et spiritualisée de la réalité. Lors de la sortie, la structure de plausibilité semble demeurer en place pour encore un certain moment. Nous considérons que cela constitue ici le premier défi à relever du processus d'intégration en société.

La vision du monde intériorisée procure une certitude qui ne peut encore, à ce stade-ci, être ébranlée : « *Tous mes collègues, mes amis, mes clients… Ils ne savaient pas qu'ils n'avaient pas d'âme. J'étais certain qu'ils n'en avaient pas. Ça ne m'était jamais venu à l'esprit qu'ils en avaient une !* » (Maurice). Sara confirme : « *Il faut se rappeler que, quand j'ai quitté, j'étais certaine que, parce que j'avais quitté mon groupe, je m'en allais sans protection sur le terrain de Satan.* »

---

4. Nous nous référons ici aux théories de Séguy ainsi que de Kluckhohn et Strodtbeck (1973) (chapitre 2) sur la hiérarchisation des valeurs du groupe social comme déterminant un système de significations particulier.

Cette vision du monde manichéenne affecte également la qualité des relations sociales. Les membres de la société moderne sont encore, pour un certain moment, des gens du *monde* sur qui l'ex-sectateur pose un regard accusateur et qu'il est également tenté de condamner parce qu'ils sont « non élus ». Nous remarquons chez Émile une attitude hautaine lorsqu'il affirme : *« Pour moi, le monde c'était de la merde* [...] *Là, j'étais dedans. Là, je vais les exploiter au maximum. »* Ou encore chez Julie : *« En premier, ils n'étaient pas une menace car ils n'avaient pas été* choisis. *Ils ne connaissent rien ! Ils n'étaient que de pauvres ignorants à qui Dieu ne s'était jamais révélé ! »*

Par ailleurs, la vision du monde influe également sur le fonctionnement social de l'individu dans son rapport aux institutions. Sa lecture de la réalité est d'abord religieuse, l'univers symbolique de la socialisation primaire étant bien ancré dans sa conscience.

> *J'étais incapable d'aller au bureau de l'assistance sociale parce que je n'y voyais que les esprits qui régissaient le gouvernement* [...] *J'avais même peur de m'ouvrir un compte de banque et d'encaisser mes chèques parce que, pour moi, la banque représentait le mauvais esprit de l'Argent. Ça ne finissait plus.* (Sara)

> *J'ai essayé de voler de mes propres ailes, mais ça me revenait toujours ces choses-là. Et à l'âge de 19 ans, j'ai craqué, j'ai fait une tentative de suicide, je n'en pouvais plus de penser à ce qui risquait de m'arriver du fait que j'aille dans les discothèques, que je me tienne avec des gens catholiques, que je sois sur le marché du travail.* (S9)

Dès lors, nous sommes à même de constater que, contrairement à ce que beaucoup peuvent penser, ce n'est pas d'abord un sentiment de liberté mû par le désir de franchir les interdits de la secte qui a accompagné nos informateurs à leur sortie. La vision du monde transmise dans la secte leur a plutôt inspiré un sentiment de danger et d'insécurité. Selon le degré d'adhésion à l'idéologie, certains de nos répondants ont été particulièrement affectés par la terreur de l'extérieur transmise, au sein de la secte, par la vision apocalyptique du monde.

Prenons, par exemple, le cas de Julie qui raconte que la fin du monde ou le fait de perdre son âme constituait pour elle une crainte de tous les instants : *« Pendant un bon moment, j'attendais que ça arrive.* [...] *C'était un destin imminent. Je me disais que tant que je suis ici* [dans le monde], *ça peut arriver n'importe quand. »*

Sara, en réaction aux événements du 11 septembre, fait une interprétation des événements en y voyant un signe de la fin des temps. Elle va jusqu'à mettre en doute sa décision antérieure d'avoir quitté son groupe. *« Moi, le 11 septembre, j'ai vécu ça… l'enfer ! Pour moi c'était : ça y est, il* [le guide] *avait raison, qu'est-ce que j'ai pensé de sortir ?* [...] *J'étais même incapable de regarder les nouvelles. Je n'y voyais que des signes de la fin du monde.* » De même, Gilles, participant à l'échange avec le groupe, attribue à Dieu les événements difficiles de sa vie en les percevant comme des signes divins qui lui révélaient qu'il aurait pris une mauvaise décision en quittant la secte:

> *Très profondément, je me disais: «Peut-être qu'ils ont raison» parce qu'à mesure que tu avances dans la vie, la vie est difficile et les choses ne se passent pas de la façon que tu voudrais. Peut-être que c'était la manière de Dieu et peut-être que tu as pris la mauvaise décision* [d'avoir quitté son groupe]. (Gilles, Groupe 1)

Même Mona, qui a affirmé ne pas avoir adhéré à l'idéologie religieuse de son groupe, déclare avoir toujours peur devant des circonstances pouvant ressembler à des événements apocalyptiques:

> *À toutes les fois, à la télé, une lecture ou n'importe quoi qui faisait allusion un petit peu à une fin du monde: un tremblement de terre ou le World Trade Center ou n'importe quoi... c'est comme dire: avait-il* [le leader] *raison? Le 11 septembre, j'en ai eu pour plusieurs jours à me remettre. Les images, ça fait peur* [...]. *Tu as 16 ans là, tu n'as pas de vécu, tu n'as pas de vie. Tu n'as pas entendu autre chose. Tu ne peux pas comparer avec ailleurs ce qu'ils disent. C'est rien que leur discours que tu entends.* (Mona)

Quant à Carole, elle demeure avec la crainte de la véracité des enseignements religieux de son enfance. Dans certaines études faites sur les messages subliminaux que pourraient comporter certains enregistrements musicaux, Carole voit une confirmation des enseignements reçus: *« Tu sais, ça se peut que ce soit vrai. En plus, je me suis rendu compte qu'il y avait des docteurs qui ont commencé à s'intéresser à la musique rock: il y a eu des suicides parce qu'il y en a qui ont commencé à écouter ça à l'envers. Je me dis que c'est peut-être vrai! »*

Nous retrouvons des échos de cette étape de la continuité dans nos sources secondaires. Dans l'exemple choisi, l'idéologie du groupe en question prétend que celui qui décide de quitter le mouvement est voué, après sa mort, à vivre dans un corps de rat, de couleuvre ou d'araignée pour l'éternité. Devant l'événement banal d'un feu pris dans une poêle laissée sur la cuisinière, l'informatrice (S8) explicite sa réaction: *«J'ai eu le temps de l'éteindre, mais j'ai vraiment paniqué. Je pleurais. J'étais sûre que Dieu voulait me tuer. »*

Nous avons vu que des traces de la vision du monde subsistent, même chez les personnes, comme Mona et Carole, qui affirment ne pas avoir adhéré à l'idéologie religieuse de leur groupe. Nous en déduisons que la vision du monde transmise lors de la socialisation *hyper* religieuse de l'enfant ne s'enracine pas d'abord dans sa faculté de croire, mais bien dans son habitus, ces comportements et représentations propres à la secte, laissant une empreinte profonde dans sa perception de la réalité. Par conséquent, la vision du monde intériorisée constitue une réalité subjective qui devra être déconstruite afin de ne plus faire obstacle au processus d'intégration des individus socialisés en milieu sectaire.

6.4. LE CHOC DES RÉALITÉS

Chez la plupart de nos informateurs, l'étape de la continuité conduit inévitablement à une impasse. Pour réussir à s'intégrer, l'individu doit réaliser qu'il n'est pas préparé à vivre au sein de la société dominante. Cette prise de conscience peut être, dans certains cas, assez brutale et c'est pourquoi nous définissons cet impact par l'expression *choc des réalités*.

En fait, l'individu tente de construire de nouvelles réalités signifiantes lors de son processus de socialisation secondaire (par l'intermédiaire de nouvelles relations et de nouvelles expériences que l'individu marginalisé tente d'acquérir), sur la base des éléments de contenu de sa socialisation primaire marginale. Comme il existe un affrontement entre la vision du monde intériorisée par la socialisation première marginale et la réalité qui se manifeste durant le processus de socialisation secondaire, nous nous retrouvons devant ce que Berger et Luckmann appellent le *problème de consistance*.

La socialisation secondaire correspond à une *deuxième* construction sociale de la réalité. En effet, la socialisation première peut très bien être comparée aux fondations d'un édifice sur lequel se bâtissent les étages, parfois nombreux, de la socialisation secondaire. Une socialisation secondaire ne s'effectue que sur les fondements de la socialisation première, marginale ou pas. Berger et Luckmann nous exposent ici combien cette situation peut constituer un problème, ce qui rejoint justement notre analyse :

> Les processus formels de socialisation secondaire sont déterminés par un problème fondamental : elle présuppose toujours un processus antérieur de socialisation primaire. C'est-à-dire qu'elle doit traiter avec un moi déjà formé et avec un monde déjà intériorisé. Elle ne peut pas construire la réalité subjective *ex nihilo*. Cela cause un problème dans la mesure où la réalité déjà intériorisée a tendance à persister. Tous les nouveaux contenus qui sont maintenant destinés à être intériorisés doivent d'une façon ou d'une autre être superposés à cette réalité déjà présente. Il existe, dès lors, un problème de consistance entre les intériorisations originales et nouvelles. Ce problème peut être plus ou moins difficile à résoudre selon les cas (Berger et Luckmann, 2003, p. 191-192).

Émile exprime ainsi ce problème de consistance : « *Tous les repères qu'on te donne, quand tu sors de chez vous, tu réalises qu'ils ne tiennent pas. On a fait face à des réalités qu'on ne connaissait pas, auxquelles on n'était pas équipé pour faire face.* »

Nous n'avons pu repérer de façon précise dans les récits de nos sources primaires un extrait aussi éloquent que celui de Dany Bouchard (S10), tiré d'une de nos sources secondaires. À la suite du choc des réalités qu'elle a vécu, elle fait la triste constatation que son passé dans la secte apparaît bien inutile, du moins si elle veut vivre au sein de la société moderne. Il apparaît évident pour l'individu qu'une vie en société ne peut s'appuyer sur les bases qu'il a reçues au sein de la secte, comme en témoigne ce long extrait :

> *C'est difficile... [...]. Il faut un déclic pour que les yeux se dessillent, pour voir les choses et les gens avec un cœur neuf. Cependant, un déclic ne suffit pas ; il procède d'une longue suite d'observations et d'expériences le plus souvent malheureuses. Il entraîne un choix douloureux auquel on ne peut procéder du jour au lendemain [...] Quel sens donner à toutes ces années gâchées ? Cette seule pensée, qui revient à nier toute son existence, effraie celui qui la porte et le pousse à la refouler le plus loin possible pour s'accrocher davantage à tout ce qui fait sa vie depuis si longtemps. Cette situation constitue souvent une barrière mentale infranchissable...* (S10, p. 173)

L'individu en vient aussi à réaliser que l'univers sectaire n'est plus le seul monde véridique, que sa communauté d'appartenance n'est dorénavant qu'un groupe religieux parmi d'autres et que le *monde* ne peut plus garder la charge significative que la secte lui a procurée depuis longtemps. Cette phase, caractérisée par une sorte d'éveil, crée une rupture chez l'individu, soit un *choc biographique,* qui conduit à « désintégrer la réalité massive intériorisée au cours de la prime enfance » (Berger et Luckmann, 2003, p. 195).

> *J'ai réalisé qu'il y avait un monde, que le monde n'était pas le* monde, *que le* monde *faisait partie de la réalité de* [mon groupe]. (Maurice)

> *Ça m'a pris du temps à comprendre que mon groupe, c'était un groupe parmi d'autres, je ne sais parmi combien de groupes. Il n'y a pas qu'un groupe, pas qu'une vérité, pas qu'une religion et il n'y a pas de telle chose comme le* monde. (Sara)

Précisons que ce choc des réalités est proportionnel au degré d'adhésion religieuse de l'individu dans la secte, car il se vit principalement dans les zones signifiantes affectées par la vision du monde intériorisée. Ce sont donc Émile, Maurice, Julie, Luc et Sara, parmi nos répondants, qui ont subi le plus vivement ce choc des réalités. (Carole et Mona, ayant relativement rejeté le contenu religieux de leur groupe, ne parlent pas de cet aspect dans leur récit.)

Je dirais que ma réaction a été inconsciente, mais ça a été une réaction normale et extrême. C'est-à-dire que je me suis dit: «Aujourd'hui, je dois intégrer ce que j'ai toujours considéré comme mauvais avant […] Cela a été très très difficile. (Émile)

Nous voyons que, parmi nos sources secondaires, certains ont également subi ce choc:

Quand je suis arrivée dans le monde normal *comme on dit, c'était un choc pour moi de voir que le monde ne se portait pas plus mal que d'autres et que les histoires de guerre, c'était pour faire peur au monde et pour te faire marcher droit.* (S9)

Le vrai monde: ils nous ont donné une vision particulière de ce à quoi le monde *ressemblait. Quand je suis sorti, ce n'était pas du tout comme ils avaient dit. C'était faux.* (S6)

Heureusement, ce choc des réalités est salutaire. Il ouvre la perspective d'une resocialisation rendue possible par la déconstruction de certains éléments signifiants de la socialisation primaire. Selon Berger et Luckmann (2003), cette étape de la déconstruction est cruciale à la resocialisation. Par contre, selon ce qui se dégage des entrevues, ce choc génère une profonde anomie (figure 6.1), c'est-à-dire ce sentiment de désorientation face au manque de repères, qui risque d'atteindre les individus au point que certains songent sérieusement au suicide.

Figure 6.1
Choc des réalités

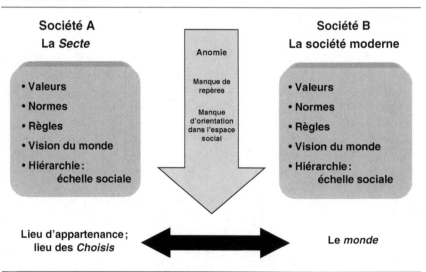

Cette phase de déconstruction est caractérisée par la perte de la réalité signifiante de la secte, laquelle a été pour l'enfant, rappelons-le, à la fois sa famille, son milieu d'appartenance, son école, son Église, la seule société viable sur terre ainsi que l'unique endroit choisi par Dieu. C'est là une des perspectives relevées par le Dr Perry lors de son étude sur les enfants de Waco:

> Un des aspects les plus troublants de la souffrance des enfants des sectes, selon Perry, c'est qu'ils n'ont rien auquel ils peuvent «revenir». La pensée, le comportement et la vie sectaires sont tout ce qu'ils connaissent (Tigger, 1993, p. 2).

6.4.1. LES RETOURS À LA SECTE ET LE SUICIDE: ÉCHEC DU PROCESSUS D'INTÉGRATION

Il semble par ailleurs que l'intégration ne puisse être possible sans traverser cette étape cruciale de l'anomie, où les individus perdent, en quelque sorte, le sentiment de sécurité normative que leur avait procuré la secte. Nous considérons ce stade comme étant le plus décisif du processus. Il semble effectivement caractériser cette phase de déconstruction essentielle à la réussite de l'intégration. Devant le défi que peut constituer cette étape difficile de l'anomie, ce stade où l'individu est exposé au chaos de la nouvelle société étant donné qu'elle ne fait pour lui aucun sens, celui ou celle qui demeure à cette étape risque de sombrer dans la dépression, voire de tenter un acte suicidaire à moins qu'il ou elle ne décide de retourner à la secte. Nos informateurs nous ont relaté deux cas d'enfants élevés en milieu sectaire qui n'ont pas traversé cette période anomique et qui ont choisi de retourner à la secte[5].

Le premier individu est retourné après vingt ans vécus au sein de la société. Durant tout ce temps, il n'a pas été en mesure de garder un emploi stable ni de se créer un réseau social en dehors d'anciens membres de son groupe. De plus, il a développé un sérieux problème d'alcool qu'il a tenté, en vain, de régler. Chaque tentative, par le recours à certains programmes spécialisés, a échoué. Au moment d'écrire ces lignes, il y a maintenant deux ans que cet individu est retourné à la secte. Depuis, il est demeuré sobre et fonctionne normalement dans le cadre du travail qui lui a été assigné. Le deuxième cas est similaire. Après quinze ans passés au sein de la société, l'individu a changé d'emploi maintes fois, n'a pu entretenir de relation stable et a développé un problème de toxicomanie. Après avoir échoué plusieurs programmes de réhabilitation, il se retrouve à la rue. Devant cette

---

5. Nous les avons d'ailleurs rencontrés tous les deux avant leur décision de retourner à la secte et nous pouvons confirmer les propos de nos informateurs à leur sujet.

impasse, il choisit de retourner à la secte. Lui aussi, depuis son retour, fonctionne bien. Il a subi avec succès une cure de désintoxication et s'adonne avec joie aux tâches qui lui sont assignées. Devant cette réussite, il tente de réintégrer la société. Malheureusement pour lui, il retourne rapidement aux drogues et commet des délits qui lui ont valu un séjour en prison.

Il semble que la société ne procure pas à ces individus un environnement social suffisamment stable et encadrant. Rivest (1994) soutient que le temps passé en société ne suffit pas à lui seul pour créer des liens d'attache suffisamment forts entre l'individu et la société. Le contraste est donc trop grand entre la société contraignante et restrictive qu'est la secte et la société dominante appréhendée comme un *monde* athée, sans règles et sans morale. Par conséquent, l'individu vit alors une situation d'anomie (figure 6.1), cette impression de déséquilibre et de désorientation devant un environnement normatif avec lequel il ne peut encore avoir de liens. Retourner à la secte, c'est retourner dans la seule véritable réalité qui fasse sens pour lui, en lui fournissant des repères normatifs et comportementaux.

Un troisième récit vient d'une bande vidéo de nos sources secondaires[6]. L'auteur l'a fait parvenir aux médias juste avant de se suicider. Nous considérons que le problème de l'intégration a été suffisamment important pour lui, puisqu'il le mentionne dans ses propos qui, rappelons-le, sont les derniers de sa vie. Comme il relie lui-même ses pensées suicidaires à sa difficile tentative d'intégration sociale lors des quatre années vécues à l'extérieur de la secte, cet extrait nous apparaît représentatif de ce phénomène violent et radical qu'est l'anomie :

> *J'ai essayé tellement de choses, essayant en quelque sorte de m'intégrer, de vivre, vous savez, une vie normale. [...] J'ai vraiment essayé de m'intégrer. J'ai vraiment essayé. [...] J'ai toujours eu l'impression que les ressources que j'avais n'étaient simplement pas adéquates et que peu importe ce que je faisais [...], je n'y arrivais pas. (S5)*

> *Les idées suicidaires, j'ai essayé de m'en éloigner. Ça a fonctionné pour un temps, mais ça revenait toujours. [...] C'est plus difficile que je croyais que ce serait. [...] Je n'ai vraiment rien à perdre, je ne veux pas vivre ma vie de la manière qu'elle se passe en ce moment. J'ai essayé pendant quatre ans. Bien sûr, ce n'est pas très long, mais j'ai l'impression que ça a duré l'éternité ! Chaque jour, si ça avait été juste un petit peu mieux, un petit peu mieux, dans mes émotions, mentalement, pour moi, ça aurait été correct. Ça m'aurait donné espoir. Mais ça empirait. Chaque journée était pire que le jour d'avant. [...] Ils [les leaders] ont tellement joué avec nos esprits qu'on ne peut plus continuer. On ne peut vraiment plus continuer[7]. (S5)*

---

6. Nous avons visionné la bande vidéo et avons côtoyé des gens qui ont connu l'auteur.
7. Nous avons omis, dans la traduction, les propos vulgaires de cette citation.

6.4.2. ENTRE DEUX RÉALITÉS

Nous pourrions supposer que cette impression de déséquilibre est causée par le fait que certaines personnes ont été totalement coupées de la société environnante ou encore qu'elles ont reçu une instruction ou scolarisation assez sommaire. Or, bien que ces éléments jouent un rôle dans cette impression de manque d'orientation sociale que certains de nos informateurs ont vécue ou vivent encore, ce qui semble constituer le noyau central qui se dégage de nos entrevues, c'est que l'anomie est liée directement à la **vision du monde**, aux conceptions du monde transmises par **l'univers social** dans lequel l'enfant a grandi et à la **construction de son identité**, soit les trois paramètres dominants de la socialisation première sectaire que nous avons identifiés antérieurement.

Étant donné que le sens primaire donné au *monde* ne disparaît pas, l'individu en quête de repères doit faire face à la terreur anomique du chaos et expérimente le vide existentiel de façon intense. En dehors de son milieu d'appartenance qu'est la secte, sa vie ne fait dorénavant aucun sens.

La situation de Maurice illustre bien ce propos. Il vit cette étape de son intégration comme s'il était entre deux mondes. D'une part, il prend la ferme décision de quitter son groupe et ne veut pas retourner à la secte. D'autre part, demeurer *dans le monde* signifie, selon les enseignements reçus de la secte, que sa vie est sans valeur et dénuée de sens et que son âme risque de se perdre. Dans cette perspective, il s'attend à ce qu'un événement maléfique survienne, actualisant ainsi le jour de sa mort.

Selon la rationalité sectaire, l'unique solution à son malaise serait de retourner à la secte, ce à quoi il s'oppose fermement, notamment pour protéger ses propres enfants. N'ayant aucune autre nouvelle vision du monde ou rationalité, Maurice est tourmenté par le fait de ne voir aucun autre choix que d'actualiser un suicide afin de mettre fin à son malaise anomique.

Cette phrase semble être un refus des deux seules options que lui propose sa vision du monde : « *Je ne vais pas mourir* et *je ne vais pas retourner à* [mon groupe] » (Maurice). Demeurer dans le *monde* signifie pour lui de vivre dans l'angoisse que la mort peut survenir, et retourner à la secte signifierait d'être protégé de la malédiction attendue tout en ayant comme conséquence de laisser subir à ses enfants certains sévices. Trouver une raison valable et un sens à la vie dans cette nouvelle société semble impensable, étant donné que, pour Maurice, la secte seule est en mesure de lui fournir le sens existentiel qui lui manque :

Cette phrase m'a trotté dans la tête pendant dix ans : « C'est fini, c'est terminé tout est fini ! » […] J'étais vraiment déprimé. Je ne peux pas continuer, je vais me tuer… J'ai été tourmenté par ce concept pendant les dix premières années […]. « Je ne vais pas mourir et je ne vais pas retourner à [nom du groupe]. *» C'était un vrai choc pour moi.* […] *Ma vie n'avait plus de sens. C'est fait* [le départ], *pourquoi continuer ?* […] *Il fallait que je trouve une raison pour continuer.* (Maurice)

Le fait d'être incapable d'adhérer à une autre logique que celle de la secte suscite chez Maurice un état où il se trouve en situation d'anomie profonde.

Contrairement à Maurice, Sara a effectué une tentative de suicide que nous pouvons qualifier, en écho à Durkheim, de suicide anomique. À cette époque, soit quatre ans après avoir quitté la secte, il était encore impossible pour elle de concevoir qu'il existait d'autres repères valables et légitimes que ceux de la secte. Consciente, par le choc des réalités, qu'elle perdait ses repères un à un, elle se trouvait dans une situation anomique insupportable :

Ce qui est arrivé, c'est que plus j'essayais d'avoir une vie normale, plus je me confrontais à des problèmes. […] *Plus j'avançais, plus mon monde se démolissait, plus je voulais me suicider. Personne ne comprenait ce qui se passait. C'était assez pénible.* […] *À ce moment-là, ça s'est vécu comme la destruction de mon monde, de tout ce en quoi j'avais cru.* (Sara)

Ainsi, l'individu qui réussit à survivre à cette phase de déconstruction – sans retourner à la secte ou sans se suicider – est susceptible de parfaire son processus de resocialisation. Nous terminons cette section par une citation du Dr Perry tirée de son rapport de recherche sur les enfants de Waco, qui résume bien ce que nous avons pu nous-même constater :

Un ensemble complet de nouvelles empreintes intérieures et de nouveaux scripts cognitifs devront être fournis à ces enfants malchanceux. En même temps, de reconnaître que ce qui vous a été enseigné peut ne pas être vrai et d'intérioriser que quelque chose que vous avez appris peut être faux et mauvais est une tâche extrêmement difficile (Perry, 1993b, p. 6).

6.5. LA RESOCIALISATION

Le stade de déconstruction traversé, la resocialisation, ce processus qui reconstruit la réalité subjective, est maintenant possible. Les informateurs l'auront vécue par l'intermédiaire d'une relation avec un autrui significatif, ces agents socialisateurs que sont les professeurs, d'autres anciens membres de sectes ou de nouvelles relations. Nous savons que ces individus, influencés par leur vision du monde, ont démontré d'emblée une attitude asociale dans leur rapport avec autrui. Mona insiste sur ce point : *« J'ai un tempérament extrêmement sociable, mais pas social, je suis très sauvage. »* Il est intéressant de constater qu'Émile utilise les mêmes termes pour s'exprimer : *« Je n'ai pas dit que je ne suis pas sociable, j'ai dit que je ne suis pas social. Je suis très sociable avec les gens, mais je suis plutôt solitaire et renfermé. »* Nous avons posé la question afin de savoir comment ces individus avaient pu passer d'un état anomique, où la peur du monde avait créé chez eux cette attitude asociale, à une ouverture de relations avec ceux qu'ils ont déjà considérés comme des étrangers ou des gens dangereux.

Nous l'avons vu précédemment, certains informateurs maintiennent, durant le processus d'intégration, la crainte que les enseignements de la secte soient vrais. Cette crainte se traduit par un comportement vigilant où l'observation attentive des événements et des gens rencontrés dans leur quotidien se fait dans l'intention de se rassurer. Étant donné le type de risque couru au moment de leur départ, ces nouveaux observateurs ont besoin de vérifier si, oui ou non, les malédictions qui leur étaient réservées se concrétiseraient. Il semble que les *gens du monde* fassent l'objet d'une observation particulière de la part des informateurs, encore marqués par leur vision intériorisée du monde. Émile et Maurice apparaissent intrigués par ces individus et tentent, par l'observation, de saisir les comportements de ce monde étranger :

> *La manière dont les gens fonctionnaient : je ne comprenais pas leur fonctionnement. Je ne comprenais pas pourquoi ils fonctionnaient comme ça. Je voyais ce qu'ils faisaient, je voyais comment ils le faisaient, mais je ne comprenais pas ce qui les amenait à agir comme ça.* (Émile)

> *Durant les dix années suivant ma sortie, j'ai continué à être fasciné par ce qui faisait lever les gens le matin pour aller travailler à chaque jour. […] J'ai passé dix ans à me poser la question : « Qu'est-ce qui fait lever ces gens le matin pour aller travailler s'ils n'ont pas de vie réelle ? S'ils n'ont pas d'âme ? »* (Maurice)

Cette surveillance systématique du monde qui les entoure produit chez nos informateurs un effet pervers. Comme la réalité quotidienne démontre que les événements attendus (selon les enseignements reçus) ne se manifestent pas et que les gens du monde ne sont finalement pas si *méchants,* l'individu s'ouvre peu à peu et constate qu'un autre monde existe *réellement.* Sara illustre cette analyse : *« J'ai commencé à réaliser que le monde était pas mal plus grand. »* Ce constat produit peu à peu *« l'abandon d'une quête de consistance et la reconstruction d'une réalité* de novo *»* (Berger et Luckmann, 2003, p. 220).

Nous remarquons dans les explications fournies par nos informateurs que plus le *monde* perd son caractère diabolique, plus une attitude d'ouverture face à d'autres individus que ceux de la secte s'installe. Les commentaires abondent sur cette question, et nous avons choisi de reproduire ici plusieurs citations:

Je me convainquais avec mon quotidien. [...] Aussi, pas juste ça, je rencontre du monde *qui ont de l'allure, ce n'est pas du monde envoûté par Satan. Cette femme-là est pleine d'amour, ça a de l'allure, cet homme-là a du bon sens. Au travail, je regardais les gens et je me disais: c'est correct, il n'y a pas de problèmes!* (Mona)

Oui, je me rappelle avoir vécu un choc, littéralement! Je me suis dit: «Donc ces personnes en fait pensent, ressentent et ont une vie!» [...] L'idée qu'ils avaient de l'amour et qu'ils vivaient. [...] En fait, j'ai été conscient de ça seulement après avoir quitté, après dix ans de sortie! (Maurice)

Un jour, ma thérapeute m'a dit: défie la réalité. Vérifie dans la réalité. Et ça, ça m'a vraiment aidée. [...] Peu à peu, j'ai pu me faire des amis et j'ai réalisé que les gens du monde n'étaient pas si méchants. [...] J'étais toute surprise de constater qu'il y avait du monde qui s'aimait et qu'il y avait du bon en eux. (Sara)

Mais à mesure que tu avances dans la vie, tu rencontres des gens, [...] ils ne sont pas aussi mauvais qu'ils nous le disaient. «Tu as l'air d'un bon gars, qu'est-ce qui se passe avec toi? Tu es censé être mauvais! Tu m'as donné de l'argent alors que tu n'avais pas à faire ça! Tu m'as parlé et tu es sympathique avec moi!» À mesure que tu avances dans la vie, tu es renforcé par tout ça et c'est comme ça que tu atteints la force à l'intérieur de toi. (Gilles, Groupe 1)

Si les gens de l'extérieur sont si horribles et qu'ils seront détruits, pourquoi y a-t-il tant de gens gentils dehors? (S7)

Cette nouvelle attitude d'ouverture permet de développer un lien d'attachement social (Rivest, 1994) qui dilue, par le fait même, l'effet d'anomie et qui favorise l'intégration en société. L'attachement à de nouveaux autruis significatifs est d'ailleurs primordial dans le processus de resocialisation que Berger et Luckmann définissent comme la réinterprétation d'un passé «de façon à se conformer à la réalité présente [...]» (Berger et Luckmann, 2003, p. 222). La resocialisation permet de changer de réalité signifiante et d'univers symbolique; elle est dorénavant médiatisée à divers degrés par l'entremise d'autres individus significatifs.

Les informateurs signalent le rôle important des gens rencontrés qui les ont aidés dans leur intégration. Après sa sortie, Julie s'est mise en contact avec son père qui n'avait jamais vécu au sein de la secte. Elle témoigne de son rôle d'agent socialisateur: *«Je le questionnais, j'avais besoin de réponses sur certaines choses.* » Par la suite, elle s'est mise, avec Maurice, son mari, à côtoyer des personnes qui avaient, elles aussi, grandi au sein de groupes sectaires. Quant à Maurice, ce sont plutôt ses enfants, qui n'ont pas grandi au sein de la secte, qui agissent comme médiateurs de la nouvelle réalité et qui atteignent véritablement son sentiment anomique. *« Mes enfants, lentement, ils m'ont convaincu que la réalité existait en dehors de* [mon groupe] [...]. *Avec mes enfants, je réalisais que ce n'était pas complètement fini ! »* Pour ce qui est de Luc, sa mère et son directeur d'école l'ont aidé considérablement lors de son intégration. Dans le cas de Mona, c'est la responsable de la maison d'accueil où elle a vécu à sa sortie qui a agi comme personne significative. Rapportons ici ce que celle-ci lui a répondu lorsque son père/leader avait réussi à la joindre au téléphone en dépit d'une ordonnance de la cour et qu'il utilisait le langage apocalyptique pour lui ordonner de revenir.

> *Il m'a mise en doute : « Les cloches ont sonné, les cloches ont sonné[8] » et puis Tantine me disait : « Regarde, il n'y a pas de cloches qui sonnent. » Par la suite, j'ai continué à vivre, à me trouver un travail et je me disais : « Regarde, il n'y a pas de cloches qui ont sonné, il n'y a rien qui est arrivé. »* (Mona)

Le rapport aux autres significatifs est donc important et permet peu à peu une ouverture plus large à la société en général. Les psychologues ou travailleurs sociaux, qui peuvent constituer parfois un des premiers contacts d'un jeune à la suite d'une vie dans la secte, doivent saisir l'importance du rôle d'agent socialisateur qu'ils sont en mesure de jouer auprès de cette nouvelle clientèle des services sociaux.

Par ailleurs, les informateurs soulignent un autre élément non négligeable qui contribue grandement au processus de resocialisation : l'accès à l'information et à l'éducation.

Il n'est pas étonnant de réaliser que nos informateurs ont cherché beaucoup d'informations sur les sujets religieux et sur celui des sectes. Émile a fait des études, notamment en théologie et en sociologie : *« Je voulais essayer de comprendre ce qui amène des gens à suivre des groupes religieux* [...]. *J'ai toutes sortes de bouquins qui traitent des comportements et des croyances. »* Luc et Carole nous informent avoir beaucoup lu sur la question des sectes, et l'intérêt de Maurice pour ce sujet apparaît insatiable : *« J'ai lu tous les livres, j'ai lu chaque livre sur les questions sectaires, je suis allé à tous les congrès. »* Enfin, Julie et Sara ont ressenti le besoin de prendre des cours d'exégèse afin de situer la Bible dans un contexte moins fondamentaliste.

---

8. Symbolique apocalyptique utilisée au sein du groupe de Mona.

C'est donc le processus de resocialisation ainsi amorcé qui permet la mise en doute de la vision du monde intériorisée au cours de la socialisation première. De plus, il est intéressant de constater que ce processus de resocialisation fait en sorte que les individus récupèrent leur jugement critique, leur pouvoir décisionnel et leur liberté. Julie confirme cette affirmation en indiquant qu'elle et son mari tentent l'exercice du jugement critique, notamment en ce qui concerne les enseignements doctrinaux qu'elle a reçus:

> *Mon mari et moi avons commencé à examiner les choses qu'on avait reçues. [...] Nous avons commencé à peser le pour et le contre: ce que je crois qui est vrai, et ce qu'ils disaient être la vérité. Discerner: si elle* [la dirigeante] *a dit ça et ça, nous savons que ce n'est pas vrai, donc quand elle disait ça et ça, ce n'est probablement pas vrai non plus.* (Julie)

Ainsi, réussir à fonctionner en société signifie pour le citoyen d'adoption de ne plus appréhender la société moderne comme *le monde,* porteur de significations terrifiantes, mais comme une société habitée par des êtres humains qui partagent, différemment de la secte, des valeurs. L'intervenant qui réussira à communiquer cette nuance à son client ou sa cliente en quête d'intégration se servira d'un outil efficace susceptible de faciliter le processus. Afin de conclure sur ce point, nous laisserons le lecteur sur cette parole de Luc prononcée avec espoir: « *Je suis maintenant dans une étape de reconstruction...* »

7

L'IDENTITÉ

7.1. LA CONSTRUCTION DE L'IDENTITÉ EN MILIEU RELIGIEUX FERMÉ

Au deuxième chapitre, nous avons décrit brièvement le processus de formation de l'identité selon les théories de Mead. Nous savons que ce dernier conçoit ce processus principalement à partir d'un rapport de l'enfant avec des «autruis significatifs». L'enfant, d'abord par l'*imitation* de personnes influentes, apprend son rôle social. Ensuite, il s'intègre peu à peu dans la société régulée en *s'identifiant* à ses figures d'attachement. Enfin, étant *reconnu* comme acteur social par ces mêmes autres significatifs, il démontre qu'il a bien *intériorisé* «l'esprit» du groupe social auquel il appartient.

Plusieurs de nos répondants ont révélé avoir vécu un problème d'identité à la sortie de la secte. Nous avons cherché à identifier ce qui composait la spécificité du processus de construction identitaire des enfants élevés en milieu sectaire afin d'en évaluer l'impact sur le processus d'intégration. En parallèle aux théories de Mead, nous avons vu ce qui suit.

- L'*identification* aux autruis significatifs se fait par l'intermédiaire d'une relation avec le leader du groupe, qu'elle soit positive ou négative, étant donné que la plupart de nos informateurs n'ont eu, dans leur enfance, que peu de contacts avec leurs parents, sauf dans le cas où le leader était lui-même le parent.

- L'*intériorisation* de «l'esprit» de la secte se traduit par l'apprentissage d'un rôle défini selon la vision du monde sectaire: un rôle spirituel et utopique forgé bien souvent selon la vision eschatologique du groupe.

- La *reconnaissance* du rôle social par les dirigeants se fait par une survalorisation des qualités élitistes, uniques et supérieures attribuées aux gens de la nouvelle génération.

7.1.1. L'IDENTIFICATION AUX AUTRUIS SIGNIFICATIFS

Comme nous le savons tous, les personnes les plus significatives des enfants qui grandissent au sein de la société globale sont d'abord leurs parents. C'est effectivement pour eux qu'ils vivront le plus d'attachement et à qui ils s'identifieront en premier. Ce sont les parents également qui exerceront sur ces enfants le plus d'influence. Comme le spécifient les études de Siskind (1999, 2003), ce n'est pas nécessairement le cas pour l'enfant des sectes : la particularité du rôle parental dans la secte est le transfert – du parent au dirigeant – de son rôle, de sa fonction auprès de l'enfant et de son autorité parentale. Même si certains de nos informateurs affirment s'être identifiés fortement au fondateur, d'autres comme Gilles (Groupe 1), par exemple, n'ont pas connu cet aspect important de la relation parentale où l'enfant s'identifie fortement au parent :

Les gens s'identifient à un role model. *Tu n'as jamais vécu ça, tu n'as jamais vécu ce processus de t'identifier à quelqu'un. Tu n'as jamais eu ton père... C'est le rôle le plus important pour un petit gars. Il m'a abandonné.* (Gilles, Groupe 1)

Les théories de Berger et Luckmann insistent sur l'aspect affectif des rapports d'attachement avec la figure avec laquelle l'enfant s'identifie lors du processus de socialisation. Même si les leaders respectifs de Maurice et d'Émile n'étaient pas leurs parents, ils se sont particulièrement identifiés à leur dirigeant par l'intermédiaire d'un lien significatif. Dans les deux cas, les aspects affectifs et émotifs étaient bien présents au sein de leur relation avec le ou la leader. Maurice spécifie que, même s'il redoute la fondatrice et qu'il est terrifié par les *Anciens*, à un certain moment il vit intérieurement un rapport intime et très privilégié avec elle : *«Dans ma tête, j'ai développé lentement une histoire d'amour avec* [ma fondatrice]. *Elle est même devenue, lorsque j'ai eu 16 ans, une des passions de ma vie!»* Émile raconte à son tour que le chef, qui l'accueillait dans sa maison comme son propre fils, lui procurait l'affection qu'il n'avait pas dans son milieu familial violent :

Il [mon leader] *était très chaleureux et très humain. Tu sais, il vient te parler... Quand tu es habitué à te faire battre et qu'il vient te mettre la main sur l'épaule, passe la main dans les cheveux et te dit : «Viens mon grand, prends-toi quelque chose!». Pour moi, c'était un père...* (Émile)

Nous sommes donc en mesure de constater que la charge affective de la relation collabore grandement au processus d'intériorisation et d'identification:

> *Elle* [la fondatrice] *était la perfection. Elle était la plus avancée et tout le monde voulait être comme elle.* [...] *Elle était la seule sainte pour tous. Notre but était de devenir comme* [la fondatrice] *pour que, lorsque l'Apocalypse arriverait, le monde aurait regardé* [la fondatrice] *et ses adeptes, et aurait demandé à ses petits doigts et ses mains, qui étaient nous, de mener le monde pour elle.* (Maurice)

> *Je me suis beaucoup identifié à eux* [la famille du leader] *parce que, à partir de ce moment-là, j'avais une place. J'étais accepté, j'étais apprécié. C'était merveilleux.* [...] *Je l'admirais* [le leader]. *J'avais de l'admiration pour lui.* (Émile)

7.1.2. L'IDENTITÉ SPIRITUELLE ET UTOPIQUE

L'intériorisation de l'«esprit» du groupe social qu'est la secte est un élément non négligeable dans la formation identitaire des enfants des sectes. En effet, cette société aux valeurs conformistes et antimodernes forme l'enfant à un rôle forgé par la vision du monde et par les croyances religieuses du groupe religieux fermé. La cohérence interne dans l'utilisation des symboles (Coleman, 1999) apocalyptiques permet l'intériorisation d'un rôle qui peut être celui d'une mission ou d'une vocation bien spéciale, perçue dans une perspective de fin du monde et de rétablissement du Royaume du Christ.

Nous invoquons la définition de l'utopie de Séguy qui la désigne comme étant, en quelque sorte, le fonctionnement idéologique dans sa forme idéale (1999). Dans cette perspective, nous postulons que l'intériorisation d'un rôle à forte tendance idéologique, comme celui de s'identifier au rôle de *prophète*, peut conduire peu à peu des enfants et des adolescents, lors d'un processus de socialisation au sein d'un «groupement volontaire utopique» (Berger et Luckmann, 2003), à s'identifier à une *identité utopique*.

Nous voulons apporter une précision à ce stade-ci. La fonction à laquelle l'enfant des sectes est préparé pourrait très bien se traduire, comme c'est le cas par exemple du prêtre ou du missionnaire de traditions religieuses mieux connues, par un choix mû par une rationalité en valeur – théorie wébérienne abordée au premier chapitre – qui s'articule autour d'activités concrètes comme évangéliser des gens sur la rue ou procurer de l'aide aux pays du tiers-monde. Cependant, la vocation de l'individu issu d'un groupe apocalyptique comporte une dimension additionnelle: elle bénéficie d'une portée symbolique, intemporelle, voire éternelle, mais non moins objectivée. Le rôle utopique est le fruit d'une rationalité appuyée sur une logique symbolique et religieuse où l'individu croit déjà faire partie de la réalisation des prophéties apocalyptiques. Cette fonction, qui a peu en commun avec une carrière ou un métier, est perçue comme étant une vocation et une mission essentielles à la réalisation du plan divin, qui fait non seulement partie intégrante de l'identité de l'individu, mais qui constitue probablement, dans le contexte sectaire, une de ses plus importantes composantes.

Citons, par exemple, le cas de Sara qui, jeune adulte, même si elle jouait de la musique lors du culte et s'occupait des jeunes dans son groupe, s'est d'abord identifiée à une fonction prophétique. Ce rôle prend pour elle une telle importance qu'il absorbe d'autres facettes de son identité : *«Je n'étais pas une personne, j'étais une* prophète[1]. *Je n'étais pas Sara, j'étais prophète.»* Sara explicite ici comment elle saisissait la signification de sa fonction apocalyptique :

> *Le fondement de tout ça, c'était d'être préparé pour la fin des temps. Si nous étions capables dans le moment présent d'entendre l'Esprit-Saint vingt-quatre heures par jour, le Jour où Jésus reviendrait, le Jour des tribulations ou quand les mauvais jours arriveraient, nous aurions été prêts et nous aurions été protégés. La façon d'être protégé était d'entendre l'Esprit-Saint en tout. On nous disait que le groupe était une sorte de «désert» où nous recevions la formation pour apprendre à entendre et à obéir à l'Esprit pour les mauvais jours qui étaient imminents.* (Sara)

Nous retrouvons le même phénomène chez Julie. Lorsque nous lui avons posé la question concernant sa fonction dans son groupe, elle a eu de la difficulté à nous expliquer clairement son rôle au sein de la secte. Elle a utilisé des termes symboliques qui avaient pour elle, de toute évidence, une grande signification idéologique, mais, nous l'avouons, qui ont été pour nous difficiles à saisir. Elle nous a parlé, par exemple, «d'être dans le portail», une position spirituelle qui, ultérieurement, aurait pu la faire accéder à la fonction de prophétesse, laquelle était située, dans la hiérarchie sectaire, à un niveau supérieur. Il est intéressant de noter que, même si Julie était très active concrètement au sein de la communauté, qu'elle s'occupait de délinquants et surveillait le dortoir des filles, elle n'a jamais fait mention de ces activités comme faisant partie de sa véritable fonction au sein de la secte. Elle se croyait appelée à une fonction de virtuosité prophétique.

> *J'étais censée être une des personnes dans le portail, dans l'entrée, sur les piliers. J'étais dans l'entrée. J'étais une de ces personnes spéciales dans l'entrée. Les gens étaient derrière moi afin de prendre ma place à mesure que j'avançais. C'était une position élevée, c'était une position spirituelle,*

---

1. Nous avons respecté la terminologie de Sara bien que le terme français correct aurait dû être *prophétesse.*

une position honorable que tous voulaient avoir. Nous étions les leaders,
nous étions les gens qui arrivaient juste en dessous de la prophétesse [la
dirigeante]. *C'était un titre qui est très valorisant, au-dessus des autres.*
À un moment donné, je serais probablement devenue moi aussi une
prophétesse. (Julie)

Quant à Maurice, il se dit *lieutenant de* [nom de la fondatrice] qu'il
croit être Dieu. Encore une fois, ces termes portent pour Maurice la valeur
de tout ce à quoi il s'est identifié. Dans les faits, il était (et est encore) travailleur social spécialisé en violence familiale, mais aucun lien ne s'établit
alors dans son esprit entre sa profession et sa vocation de *lieutenant.* Cette
fonction constitue l'intériorisation d'un rôle idéologique, fondé sur une
vision apocalyptique de la réalité qui lui procure une identité utopique.

Je vieillissais et je réalisais que j'étais très compétent pour agir comme
lieutenant. [...] [Lors des événements de l'Apocalypse] *Les gens*
désespérés auraient choisi [mon leader] *pour diriger le* monde *à leur*
place. Si nous avions été assez bons pour être comme elle [la fondatrice],
elle aurait fait de nous ses lieutenants *pour diriger le* monde. *Nous étions*
ce que nous appelions les Fils du Christ manifesté. *Nous parlions en fait*
seulement de Jésus et de Dieu. L'idée, c'est que ce n'était pas nécessaire d'avoir
Jésus parce que la Prophétesse *était là. Le Père et l'Esprit-Saint ne faisaient*
que surveiller les choses parce que leur moment n'était prévu peut-être que
pour les mille ans de perfection. En attendant, [mon leader] *avait l'inten-*
tion d'implanter et de commencer les mille ans de perfection. (Maurice)

Bien entendu, ce ne sont pas tous les jeunes sectateurs qui s'identifient
à la fonction symbolique proposée. Parmi nos informateurs, Mona et Carole
sont celles qui ont le plus résisté à ce statut. N'ayant jamais vraiment adhéré
à la spiritualité de la secte, il devenait difficile pour elles de concevoir un
tel avenir. De toute évidence, Mona ne s'identifie pas à la fonction prophétique proposée lorsque, avec un ton ironique, elle décrit la situation: «*On*
me disait que la fin du monde arriverait et que moi j'étais une grande prophète[2]*. Tu*
ne savais pas ça? Moi, je suis une grande prophète de la fin du monde!»

Nous avons relevé un autre facteur qui fait en sorte que ces enfants
adhèrent ou non au rôle utopique. Il semble que la relation parentale puisse
être totalement absorbée par la fonction religieuse de l'adepte parent. Siegler
(1999) relate que le fils de la dirigeante du groupe In Search of Truth qu'elle
a étudié, lorsqu'il était jeune, «était parfois incertain s'il argumentait avec
sa mère ou avec une prophétesse» (Siegler, 1999, p. 132).

---

2. Voir la note 1.

La personne significative, dans les cas de Mona et de Carole, est à la fois le fondateur et le parent. Selon leur récit, l'enfant en constante quête d'un rapport parental peut se retrouver, bien malgré lui, dans une relation de leader/adepte qu'il rejette fortement. Ce rapport à l'autorité religieuse qui prend la place du rapport parental peut créer chez l'enfant un malaise. Ce dernier n'est pas en mesure d'intérioriser un rôle qui signifierait pour lui, d'une manière ou d'une autre, qu'il devient un adepte. L'enfant est en quête d'un parent, et uniquement d'un parent. Une de nos sources secondaires l'exprime bien : «*Aucune foi, aucun système de croyances, aucune théologie ne peut se substituer à une famille ou à l'amour d'une mère*» (S3).

L'exemple de Carole est éloquent à cet égard. Elle vit en conflit constant avec son père/leader. Elle a toujours rejeté la fonction spirituelle qu'il s'était attribuée : «*Je n'embarquais pas là-dedans qu'il était un* appelé. *Mais lui, c'était son idée fixe : le Seigneur lui avait donné une mission.*» Mona critique elle aussi l'aspect religieux de son rapport parental :

> *Mon père, ce n'était pas mon père. Si on n'était pas allé dans une secte, je n'aurais pas eu à subir toutes ces conneries-là. […] comme je connais papa et maman, ils m'auraient encouragée quand même dans des choses que j'aimais. Peut-être que je n'aurais pas eu les parents les plus extraordinaires du monde, mais… […] Tout ça, les réunions, tout ce qu'il fallait faire, les rituels : c'est la religion qui faisait tout bifurquer!* (Mona)

En conséquence, les deux informatrices témoignent de l'absence, au sein de leur relation avec l'autrui significatif, de l'aspect éducatif que devrait contenir toute forme de relation parentale. Carole affirme : «*Je me suis élevée toute seule!*» et Mona choisit ici les mêmes termes afin d'exprimer sa pensée :

> *C'est comme si tout le monde avait le droit de nous éduquer. […] On était les enfants de personne. Moi je considère que je n'ai été éduquée dans rien. Rien, quand tu dis rien, c'est rien. […] Ils [mes parents] ont oublié de nous éduquer : un petit oubli en passant! […] Moi dans la vie, je me suis éduquée moi-même.* (Mona)

Ainsi, la nature du rapport à l'autrui significatif ainsi que l'adhésion à l'idéologie religieuse constituent deux facteurs qui contribuent à ce que le jeune sectateur adhère ou non au rôle utopique. Une relation chargée d'affection pour son parent/leader ne suffit pas à l'intériorisation du rôle utopique. Dans ce cas précis, il est nécessaire que le jeune adhère à l'idéologie du groupe. Un adolescent rebelle, par exemple, qui rejette l'aspect religieux de la relation parentale, en l'occurrence le leadership sectaire, n'est pas en mesure d'intérioriser un rôle de nature religieuse, quel qu'il soit. Comme nous l'avons vu, deux de nos informateurs ne se sont pas identifiés au rôle utopique proposé. Ce constat va dans le sens des théories de la socialisation qui valorisent chez l'enfant le processus autonome de construction de sens dont nous avons parlé au chapitre 2.

7.1.3. LA SURVALORISATION DU RÔLE RELIGIEUX UTOPIQUE

Dans le premier chapitre, nous avons vu la théorie de Niebuhr (1929) voulant que la deuxième génération «affaiblisse» en quelque sorte l'intensité sectaire au point de faire passer cette forme d'agrégation sociale du religieux du type *secte* au type *dénomination*. À cet effet, rappelons l'argument de Wilson (1959) qui soutient que la seconde génération n'est pas jugée par les adeptes adultes comme étant une population qui fera nécessairement partie de la secte à l'âge adulte. La nouvelle génération doit également être recrutée et formée à la virtuosité religieuse, au même titre que les nouveaux adeptes adultes. C'est d'ailleurs une des raisons pour laquelle les enfants sont initiés à la religiosité sectaire en bas âge.

Le récit de Mona en fait d'ailleurs la démonstration. Alors qu'à 16 ans, elle vit sans le sou dans la rue parce qu'elle a quitté son groupe, Mona téléphone à son père/leader afin qu'il l'héberge. Il lui répond: *«Pas de problèmes ma fille, tu peux t'en revenir, mais tu dois suivre les règles.»* Cette situation fait d'ailleurs écho à Weber, lorsqu'il explique que l'éthique sectaire doit se manifester par un engagement *visible* dont doivent faire preuve les membres de la *Secte*. Nos résultats d'analyse indiquent effectivement que les chefs exercent une pression constante sur la génération suivante, car celle-ci représente, pour eux, le fruit d'un long investissement.

Les dirigeants, souvent devenus pour les jeunes les personnes signifiantes, jouent un rôle de *reconnaissance,* central et essentiel au processus de construction identitaire. Notre analyse démontre que c'est par une survalorisation du rôle utopique que cette reconnaissance s'actualise. Non seulement les dirigeants s'attendent à ce que leurs propres enfants puissent prendre la relève du leadership dans un avenir rapproché, mais les acteurs sociaux de la dernière génération sont considérés, et en cela soutenus fortement par les chefs, comme des élus, bénis de Dieu de façon toute particulière.

Le cas d'Émile démontre combien la valorisation d'un rôle religieux au sein du groupe par des dirigeants a été importante pour lui. Dès l'âge de 13 ans, il prend des cours de communication au sein de la communauté dans un seul but: celui de prêcher et de devenir, au sein de la secte, un dirigeant.

> *J'ai commencé à prêcher pour eux à l'âge de 13 ans [...] En plus de ma formation, je suivais des cours pour pouvoir prêcher! Certain! Les autres étaient assis là et c'est moi qui passais en avant! C'est sûr que là j'étais*

quelqu'un d'autre! Et à ce moment-là, j'ai fait ma place. [...] Rendu à 15 ans, je me faisais flatter sur le sens du poil. On me disait : « Toi, Dieu t'a envoyé sur terre pour faire ce que tu fais », puis : « C'est toi, c'est ta voie. Tu ne pourras pas t'en détourner. C'est en toi. Tu es fait comme ça. »
(Émile)

Nous n'avons pas beaucoup parlé de Luc jusqu'ici étant donné qu'il a quitté son groupe à l'âge de 11 ans. Si Luc était resté un peu plus longtemps, il aurait sans doute été admis officiellement au sein de l'ordre, car, selon lui : « *À 14 ans, tu devais être soit prêtre, soit frère.* » L'entrevue de groupe nous a en fait divulgué que cette vocation religieuse était valorisée au point qu'elle constituait, comme nous l'explique Gilles (Groupe 1), *« un pas, un stade plus haut dans l'organisation, un genre de promotion[3] »*.

Mais pourquoi ce recrutement si jeune ? Nous nous référons ici à l'étude de Coleman (1999) sur le groupe suédois *The Word of Life*. Le chercheur avance que les notions chrétiennes évangélistes sur l'individualité et l'identité – qui rejoignent celles des groupes fondamentalistes de nos informateurs – constituent une clé importante pour saisir les attitudes des croyants envers les enfants (1999). Selon cette manière de penser, l'individu est perçu par un regard dichotomique où la *chair* – l'aspect physique de l'être humain – est nettement séparée de l'*esprit,* qui constitue plutôt sa composante spirituelle. L'enfant qui n'a pas encore été « atteint » par le *péché de la chair,* qui n'a pas côtoyé le *monde* ou qui n'a pas eu à se décharger de sa « vieille » nature charnelle par l'expérience de la nouvelle naissance aurait atteint, en ayant préservé sa pureté, une plus grande maturité spirituelle que certains adultes. Par conséquent, il peut subsister un écart entre l'âge, la maturité intellectuelle d'un individu et son niveau spirituel : « le stade *physique* de la personne peut ne donner aucune indication précise sur la maturité ou l'immaturité *spirituelle*» (Coleman, 1999, p. 73) d'un individu. Étant donné que la maturité spirituelle constitue une valeur importante dans la secte, il peut arriver – selon la hiérarchie des valeurs – que même le développement cognitif de l'enfant soit nié (Coleman, 1999). Il semble, à première vue, qu'il y ait confusion ici, chez les leaders, lors de l'évaluation de la maturité spirituelle des enfants, entre une socialisation réussie et une véritable virtuosité religieuse.

---

3. Nous pouvons également évoquer le cas extrême de la fille de Joe di Mambro, un des leaders de l'Ordre du Temple solaire. La voyant comme l'incarnation du messie attendu, ses parents lui ont fait porter des vêtements de garçon et l'ont élevée comme tel afin d'accomplir les prophéties apocalyptiques. Nous assistons une fois de plus à la survalorisation du rôle utopique par les leaders (Giguère, 1997).

L'exemple du père/leader de Sara le confirme : alors qu'elle est encore jeune, il lui laisse une place particulière au sein de la communauté. Entre autres, elle accompagne celui-ci lorsqu'il prêche à l'extérieur et pratique des exercices spirituels exigeants comme celui de l'exorcisme :

> *Mon père trouvait, j'avais environ 14 ans, que j'avais vraiment un bon discernement et me laissait de plus en plus de place pour faire ces exorcismes sur les gens.* (Sara)

Coleman (1999) relate le cas similaire d'un jeune garçon de 10 ans qui prêche de façon convaincante à une assemblée d'adultes. En raison de ce statut supérieur parfois accordé aux enfants selon l'évaluation de leur maturité spirituelle, l'unique fait d'être enfant est aussi valorisé : « elles [les pratiques du groupe] valorisent également de façon positive le fait d'être physiquement jeune » (Coleman, 1999, p. 83). Ainsi, non pas à cause de ses qualités personnelles, mais à cause de son statut d'enfant supposément pur, ce dernier est stigmatisé par les leaders d'une identité qui lui attribue une qualité divine.

Un exemple éloquent nous est fourni par Palmer (1999), citant un des *Anciens* du groupe de Island Pond qui croit que les enfants ne subiront pas la mort comme le reste des mortels : « Nos enfants seront si purs, ils vont réjouir le cœur de Notre Père avec leur vie éternelle ! » (Palmer, 1999, p. 160). On peut également rapporter à cet effet le cas de Donna Collins (S3), qui a été la première enfant en Amérique conçue d'un couple marié par le fondateur de l'Église de l'Unification, censée être une *enfant bénie* :

> *J'imagine que j'étais traitée comme quelque chose comme un enfant saint. Il y avait des gens qui venaient me voir et qui me posaient des questions personnelles, comme quoi faire avec leur mariage, avec ceci ou cela, alors que j'avais 10 ou 11 ans. Ils croyaient que j'étais née sans péchés, ce qui était la base de la conception de* l'enfant béni, *perçu comme une figure ressemblant au Christ. [...] Mon père raconte qu'il pensait que je ne pleurerais pas quand je suis née et, bien entendu, j'ai pleuré. Ça a remis en question toute cette théorie de* l'enfant béni. (S3)

Palmer (1999) ajoute qu'il peut arriver, dans certaines circonstances, qu'on puisse attribuer à un jeune autant d'autorité spirituelle qu'à un adulte, sinon plus, ce qui se traduirait dans les faits par un degré supérieur dans la hiérarchie sociale. Une exception s'est effectivement glissée à l'endroit de Maurice dans la règle sectaire concernant l'âge minimum de la nomination à la fonction hiérarchique la plus haute de la structure sociale : « *Il fallait au moins avoir 30 ans pour être Ancien. J'ai, en fait, reçu le statut d'Ancien alors que j'avais seulement 21 ans !* »

De plus, nous sommes à même de constater que les enfants des fondateurs sont plus valorisés au sein de la secte que les autres enfants. En effet, nous retrouvons chez des adultes une attitude valorisante à l'égard des enfants desquels ils attendent, sans compromis, un comportement conforme à l'idéologie. En ce sens, l'enfant d'un dirigeant est condamné à ne décevoir, d'aucune façon, cette forte attente du parent/leader. Julie explique qu'au sein de sa communauté existe une hiérarchie, une forme de caste, selon laquelle les enfants sont différenciés :

> *Je faisais partie de la première génération d'enfants. J'étais vraiment comme la première enfant qui a tout vu arriver. J'étais comme une sorte d'enfant* bénie, *j'étais son enfant* [à la fondatrice]. *Je n'étais pas* choisie *et c'était beaucoup mieux d'être béni que d'être choisi. Il y avait une hiérarchie qui existait : il y avait ces gens* rebuts, *ces enfants* bons à rien *et les* grands enfants, *lesquels faisaient partie de la lignée de sang : c'étaient ses enfants. C'était un privilège. Tous ses enfants étaient les* grands enfants. *Nous étions la vraie famille.* (Julie)

Au sein de l'Église de l'Unification, on distingue également la famille immédiate du révérend Moon, le fondateur, comme étant la Vraie Famille. On accorde à ses enfants un statut privilégié, comme le relatent ici ces citations tirées de sources secondaires :

> *Ils étaient considérés comme un genre de citoyens de deuxième classe à l'intérieur de la structure mooniste parce qu'ils étaient des enfants* non bénis. *Il y avait trois niveaux : les enfants* non bénis *qui étaient des enfants issus de couples qui ont été mariés devant l'Église, les* enfants bénis *comme moi-même et il y avait les enfants de Moon qui étaient les* vrais enfants *qui ne pouvaient plus ou moins rien faire de mal aux yeux des membres. Ma situation était que j'étais la première* enfant bénie *de l'Occident, parmi tous les pays sauf la Corée. J'avais une position privilégiée.* (S3)

> *« Veux-tu être unie à mon fils Hyo Jin ? », me demanda Père* [le révérend Moon]. *Je n'hésitais pas. C'était le rêve de toute fille de l'Unification d'être mariée à un membre de la Vraie Famille. [...] Je me sentais humble et honorée.* (S4, p. 78)

Le lecteur saisira aisément que, dans ce contexte, les enfants subissent également une pression de la part du chef. Le degré de maturité spirituelle élevé qui leur est attribué ne leur permet pas d'être pécheurs ou de démontrer une faille dans leur perfection présumée. Ils doivent au contraire montrer au monde ce que c'est que d'être « médiateurs du pouvoir divin » (Coleman, 1999, p. 77). Julie exprime les attentes de la dirigeante quand elle atteste : *« Je devais être cette enfant parfaite. Je ne pouvais pas faire d'erreurs. »* Cette source secondaire (S9) témoigne de même : *« Ils* [les chefs] *voulaient vraiment qu'on soit comme l'image du fondateur : être des êtres parfaits. »*

Ainsi, pour les enfants des sectes, il y a une survalorisation du rôle identitaire de type utopique, justifiée par une mauvaise évaluation du degré de maturité spirituelle des enfants qui, nous le verrons, a une répercussion non négligeable sur les défis de l'intégration en société. Cette valorisation contribue à créer chez le jeune acteur social un attachement particulier à son identité spirituelle, à moins qu'il ne croule sous la pression de l'exigence. Par conséquent, lors de son processus d'intégration, il aura à faire le deuil de cette partie valorisée de son identité.

7.2. LES MÉCANISMES DE RÉTENTION ET LES RAISONS DE DÉPART LIÉS AU RÔLE

Nous savons que les membres de la dernière génération sont impliqués assez jeunes au sein de leur communauté. Au nom d'une vocation privilégiée et d'un degré de maturité spirituelle élevé, les enfants des sectes s'engagent pour la vie dans une voie qui peut agir comme mécanisme de rétention le jour où ils contemplent sérieusement la possibilité de partir. Qu'il s'agisse des enfants du groupe de Luc qui sont ordonnés à partir de l'âge de 14 ans, d'Émile qui, dès l'âge de 13 ans, agit comme prédicateur au sein de la secte ou de Sara qui se croit intérieurement appelée de façon spéciale par Dieu dès l'âge de 14 ans, dans chaque cas il semble que l'avenir prédéterminé de ces enfants puisse constituer un frein au départ volontaire. Tel est le cas, par exemple, de Sara qui a retardé sa sortie du groupe croyant que la vocation à laquelle Dieu l'appelait ne pouvait s'accomplir qu'au sein de la secte :

> *Je me sentais de plus en plus coincée. Je ne voyais pas de porte de sortie. Je n'avais pas d'argent, pas de courage et j'avais beau essayer de mettre en question les enseignements, j'étais certaine que Dieu voulait que je sois à* [mon groupe]. *Je me repentais et continuais un autre bout. Plus je retardais mon départ, plus je me blessais et plus ça me prenait de courage pour laisser.* [...] *Finalement, j'ai besoin d'insister sur le fait que j'ai cru que j'étais une vraie prophète*[4]. *J'y croyais fermement. J'y ai cru jusqu'à la fin. Je pense que ce à quoi je croyais le plus, c'est que Dieu m'avait choisie et qu'il avait un plan pour moi.* (Sara)

La survalorisation du rôle utopique, jumelée à la stigmatisation des enfants par les dirigeants, peut produire un attachement particulier au rôle auquel s'identifie l'individu socialisé dans la secte. Cet attachement peut constituer un facteur retardant ou annulant le départ. On peut citer, à cet effet, le cas d'Émile. Sa fréquentation du monde extérieur a favorisé une

---

4. Voir la note 1 du même chapitre.

certaine socialisation au sein de la société au point de freiner son processus de socialisation sectaire. Selon la théorie de Berger et Luckmann (2003), Émile semble avoir vécu un processus de socialisation ratée. Il s'adonne assez jeune à la lecture philosophique et religieuse (le Coran, la Bhagavad-Gita ou des écrits de Karl Marx, notamment). Cela le met en contact avec des manières de penser confrontant l'idéologie sectaire, ce qui, du même coup, ébranle peu à peu ses croyances. Malgré cette mise en doute, il ne veut pas quitter le groupe. Il choisit plutôt de réformer le mouvement religieux de l'intérieur par sa fonction de prédicateur, rôle qui le stimule et le valorise au sein de la secte. Entre autres, il dénonce l'attitude abusive des dirigeants qui incitent même les adeptes qui ont peine à nourrir leur famille nombreuse[5] à remettre leur dîme. Sa stratégie échoue lorsque l'autorité le confronte et l'invite à quitter le mouvement s'il ne change pas la nature subversive de son message. Émile, ne pouvant plus reculer ni changer sa façon de penser, choisit de quitter l'Église. Cette décision équivaut pour lui à l'effondrement de ses perspectives d'avenir. Dans le cas d'Émile, l'attachement à une identité ou à un rôle valorisant constitue un mécanisme de rétention qui a eu plus de force que la vision du monde elle-même (désintégrée à cause de la socialisation ratée) :

> *Peut-être que j'aurais dû fermer ma gueule, c'était pas parfait, mais j'avais mon micro, j'avais mon monde, j'avais une position quelque part, j'avais un avenir. Là, je l'ai vu. À plusieurs reprises, j'ai même pensé retourner là-bas, m'excuser auprès des gens : à ce point-là.* (Émile)

Nous voyons ici l'attachement d'Émile pour sa fonction :

> *C'était mon rêve qui s'écroulait dans le fond. Moi, avoir le micro dans les mains, ça me donnait une identité. Tout le monde avait beau dire que je n'étais pas correct, ils étaient 200 assis et c'est moi qui avais le micro en avant. C'était important pour moi et j'ai découvert combien j'étais confortable avec ça. Quand je suis parti, c'était ma vie qui venait de s'écrouler.* (Émile)

Le cas de Maurice est également éloquent. Dès l'âge de 16 ans, la secte lui permet de travailler à l'extérieur et de poursuivre des études. Il obtient une maîtrise en travail social et, pour le compte de la communauté, devient le responsable des cas de violence familiale[6]. Bien qu'il ait eu depuis longtemps des contacts avec l'extérieur et qu'il se trouve assez aisément un emploi à sa sortie, Maurice vit quand même des difficultés. En fait, bien

---

5. Les méthodes de contraception étant prohibées.

6. Le groupe est en effet reconnu par les instances gouvernementales comme étant un endroit où peuvent vivre des personnes dans le besoin : toxicomanes, sans-abri, femmes ayant vécu des problèmes de violence familiale, etc. Les travailleurs sociaux envoient ainsi dans ce groupe des gens de cette clientèle. C'est aussi le cas du groupe de Carole.

qu'il ait un bon travail, des amis et une famille, il perd selon lui l'essentiel de sa vie : son rôle, un rôle crucial dans la vision eschatologique de son groupe, le seul rôle auquel il se soit véritablement identifié :

> *Tout est fini. Il n'y a plus d'espoir. J'avais un travail* [au sein de la secte] *qui était avec* [nom de la fondatrice]. *Dans cet univers, tout ce que j'avais, c'était un travail, qui était celui de* manifester [nom de la fondatrice (considérée comme Dieu lui-même)], *et ça, je ne l'avais plus !* (Maurice)

L'exemple de Maurice confirme d'ailleurs les théories sur la secte intramondaine et démontre combien la vision du monde manichéenne intériorisée constitue un mur psychologique et sémantique qui peut rendre le groupe aussi hermétique que la secte extramondaine, laquelle applique plutôt un degré de fermeture physique avec le *monde* au point d'empêcher ses adeptes de côtoyer les membres de la société.

L'effet contraire se produit également. L'enfant qui, depuis son jeune âge, ne s'identifie pas au rôle déterminé par les dirigeants, vit une pression psychologique qui motive sa décision de quitter la secte. Cela permet de comprendre Mona qui parle de sa fonction prophétique en ces termes : « *C'est lourd sur ses épaules !* » De même, le cas extrême d'une de nos sources secondaires démontre que l'individu peut crouler sous le poids de la pression créée par l'attente et l'exigence des fondateurs face au rôle utopique que doivent jouer les adolescents et jeunes adultes des sectes. Si, de surcroît, l'individu ne s'y identifie pas, la situation peut constituer une raison suffisante pour partir :

> *Je voulais quitter depuis l'âge de 18 ans, mais quand j'ai eu 22 ans, et que j'étais poussée pour être « l'Enfant Bénie », j'ai carrément fait une dépression nerveuse.* [...] *je croulais sous la pression d'années et d'années de pression.* [...] *Entre ma vie et la folie, j'ai choisi ma vie.* (S3)

Ainsi, l'engagement au sein de la secte peut constituer un mécanisme de rétention important pour celui qui s'est identifié au rôle utopique déterminé par la secte. Par ailleurs, pour l'enfant qui ne s'y est jamais identifié, la fonction exigée crée un poids tel que celui-ci tente de s'en dégager en considérant sérieusement de partir.

7.3. LES TENTATIVES D'ACTUALISATION DE LA VOCATION APRÈS LA SORTIE

Après leur départ de la secte, nos informateurs indiquent qu'ils *continuent* ou essaient de remplir la fonction à laquelle ils s'étaient identifiés dans la secte même s'ils n'y vivent plus. Il leur faut un certain temps pour constater que leur rôle utopique ne peut être mis en œuvre qu'à l'intérieur de la secte, et non dans la société moderne. Émile le confirme:

> *J'avais le rêve de retourner au sein d'une Église qui avait de l'allure, pas sectaire, une Église plus conventionnelle et puis revivre ce que j'avais vécu quand j'étais plus jeune avec mon micro. Ça a été mon ambition pendant plusieurs années et c'est pour ça que je me suis rendu là dans mes études.*
> (Émile)

Sara, Maurice et Émile sont, sans aucun doute, les trois informateurs qui se sont le plus identifiés à leur vocation déterminée au sein de la secte. À leur sortie, ils ont continué à croire que ce rôle était bien réel, non utopique, et qu'ils pouvaient effectivement le jouer au sein de la société. Maurice atteste à cet effet: «*Je vivais dans un monde dans mon esprit où j'ai continué à fonctionner comme le* chef lieutenant *de* [mon leader].» Selon une de nos hypothèses, le processus décisionnel est affecté, lors du processus d'intégration, par des éléments de discontinuité axiologique. Par exemple, pour Sara, la poursuite de sa vocation a déterminé le choix de ses études. Elle n'était pas en mesure, un an après sa sortie, dit-elle, de choisir un domaine d'études non lié aux valeurs véhiculées dans la secte ou à ce qu'elle croyait être sa vocation: une prophétesse qui devait annoncer par la musique le message de Dieu.

> *Je me rappelle quand j'ai quitté, j'ai dit à Dieu: «Pardonne-moi, je suis incapable d'accomplir mon appel dans la communauté, mais si tu me donnes une autre chance, seule par moi-même, je vais tenter de réussir à l'accomplir.» Le point est que j'essayais quand même d'actualiser ce ministère, et c'était l'unique raison qui m'avait fait faire mon choix d'études. [...] Je cherchais désespérément à accomplir ce qu'on m'avait dit que j'étais dans la secte.*
> (Sara)

Nous avons vu plus tôt qu'Émile s'était fortement identifié à sa fonction de prédicateur. Il a tenté par tous les moyens de poursuivre cette vocation après sa sortie. Pendant qu'il travaillait comme chauffeur d'autobus, il faisait aussi des études en théologie afin de devenir pasteur reconnu d'une institution religieuse. Lorsqu'il a reçu son diplôme, il s'est dissocié de l'Église en question afin de fonder son propre mouvement religieux. Devant l'impossibilité de trouver un environnement propice à l'expression de sa vocation en société, Émile s'est donné un seul but: créer lui-même cet espace. Formé à la prédication dès l'âge de 13 ans au sein de la secte, tout comme Sara, il n'est pas en mesure de considérer d'autres options.

> *Oui, j'ai décidé de me créer une place derrière un micro. Je mets sur pied ma propre organisation. [...] Sur ma publicité, je m'identifie comme pasteur. Je vais être le pasteur de quelque chose qui va être à moi. [...] J'ai dit: «Je vais m'en créer un micro!» Ce n'est plus religieux ce que je prêche, c'est une*

manière de parler. Je voulais faire quelque chose d'intéressant avec ça : une Église non religieuse. Enseigner, donner des conférences tout ça, je crois que c'est la seule chose à laquelle je me suis identifié. (Émile)

Émile n'a jamais pu se dissocier de l'aspect idéologique et missionnaire de son talent de communicateur auquel il s'identifiait tant dans sa jeunesse au sein de la secte. Il aurait pu par exemple travailler dans le domaine de la communication afin de gagner sa vie, mais lorsque nous lui avons posé la question, sa réponse a démontré que ce genre de travail n'avait aucune valeur pour lui s'il n'annonçait pas un quelconque message religieux ou spirituel.

Je m'étais senti bien en prêchant dans une Église. C'était ma pensée de base : je peux faire la même chose [...], mais avec du monde correct. C'est la seule chose [prêcher] *que j'aime faire encore aujourd'hui ! Tu vois c'est encore ce que je fais aujourd'hui, je prêche.* (Émile)

Émile se crée finalement une « identité-autre » à partir des différents mondes intériorisés, sa situation semble correspondre, encore une fois, au concept de socialisation ratée (Berger et Luckmann, 2003). Selon cette théorie, l'individu se construit par lui-même un Soi à partir des différentes références avec lesquelles il a été mis en contact depuis son enfance. Incapable de s'identifier totalement au rôle de prédicateur dans la secte – en cela, il aurait fallu qu'il accepte globalement le message à communiquer – et incapable de s'identifier à un métier en communication ou à celui d'un pasteur d'une Église traditionnelle, Maurice préfère se définir une identité autre en fondant sa propre Église.

Prenant en compte les différents éléments exposés dans cette section, nous croyons que le processus décisionnel de nos informateurs est affecté, à ce stade-ci, par l'intériorisation du rôle auquel ces derniers se sont toujours identifiés. En cela est confirmée une partie de nos hypothèses.

7.4. LES PROBLÈMES IDENTITAIRES ET L'ANOMIE

Il devient de plus en plus évident que ceux qui ont choisi de quitter la secte doivent faire face à un véritable problème d'identité à leur sortie. Étant donné qu'ils ont baigné depuis leur jeune âge dans une pensée qu'ils croyaient être la seule et unique réalité signifiante, ils ont à affronter un *choc des réalités* lorsqu'ils découvrent que le rôle auquel ils se sont identifiés durant toute leur jeunesse est pratiquement impossible à exercer au sein de la société moderne.

Nos répondants ont, en effet, réalisé que la vie dans la société moderne ne leur procurait pas l'espace nécessaire pour exprimer leur vocation. Devant cette impasse, l'individu doit faire un *deuil* où il *perd* en quelque sorte l'identité à laquelle il s'était tant attaché. Maurice exprime ici son impression qu'il a *perdu* quelque chose en parlant du rôle utopique qu'il exerçait dans la secte : *« Mon identité. Ça, c'est la partie que je manque tant »* et Julie expose l'abandon qu'elle doit faire de sa conception de l'identité sectaire : *« Je vais abandonner le personnage* [de la secte] *et je vais tenter d'être réelle. »* Il est intéressant de constater qu'à ce stade-ci Julie prend conscience de la nature utopique de l'identité sectaire quand, dans ses propos, elle utilise le terme *personnage* afin de désigner son identité au sein de la secte.

Quant à Sara, il lui a fallu du temps pour réaliser que sa fonction déterminée par l'idéologie de la secte ne correspondait pas nécessairement à son identité et qu'elle constituait, par le fait même, une utopie :

> *Quand je me suis retrouvée à travailler dans une école à enseigner la musique à de jeunes délinquants, j'ai bien vu que là n'était pas ma vocation ! Ce n'était qu'un fantasme, pas une réalité. Ça m'a fait décrocher. Cela aura pris treize ans !* (Sara)

Bien entendu, l'étape importante du deuil de l'identité s'accompagne d'un sentiment anomique étant donné qu'à ce stade les individus doivent, en quelque sorte, renoncer au rôle utopique qui avait pris pour eux valeur de réalité. Cette confrontation entre les « normes individuelles et buts culturels » rejoint la théorie de Merton (1938) sur l'anomie. L'individu n'a pas le choix d'abandonner ses normes internes à moins qu'il choisisse de retourner à la secte. Cet abandon se traduit par une perte qui crée chez l'individu le vide anomique. Gilles (Groupe 1) témoigne de l'état de quête identitaire permanente qui caractérise cette étape : *« L'identité, c'est ce que tu ne peux pas trouver. Ça prend tellement de temps. Aujourd'hui, je suis dans la quarantaine et je me demande encore qui je suis. »* Luc renchérit : *« Tu n'as jamais rien reçu et là tu es à l'extérieur et tu essaies de figurer qui tu es. »* À ces citations s'ajoute le commentaire de Julie qui illustre par analogie son sentiment d'anomie où elle manque de toute évidence de sécurité normative :

> *J'étais un grand personnage* [dans la secte]. *Je savais exactement ce que mon rôle était, ce que j'étais censée être. Je crois que ce que j'ai fait quand j'ai laissé, j'ai perdu toute mon identité. Quitter la secte : je n'avais plus d'identité. J'étais* identifiable *seulement dans la secte. C'est comme une pièce de casse-tête. Tu ne peux pas avoir une identité individuelle. C'était comme une pièce bleue du casse-tête. Quand j'étais dans le casse-tête, je faisais partie de la grosse photo. Quand j'ai quitté, je ne faisais plus partie de rien.* (Julie)

Nous constatons que ce sentiment anomique crée chez l'individu un sentiment d'incompétence sociale – confirmant ainsi une de nos hypothèses. Ainsi, le processus d'intégration est d'abord facilité par la prise de conscience chez l'individu que son rôle initial ne peut vraiment pas s'actualiser en société et, ensuite, par l'abandon ou le deuil de ce rôle auquel il s'était identifié dans la secte.

7.5. LA REDÉFINITION IDENTITAIRE

Dans le processus d'intégration, ce n'est pas tant de «changer» d'identité qui importe que de redéfinir le regard que les individus portent sur eux-mêmes. Le deuil du rôle utopique est primordial dans la redéfinition identitaire. Une fois ce stade passé, l'individu se permet simplement d'être lui-même, dorénavant dégagé de sa vision du monde. Les informateurs expriment que la notion de vocation existe encore pour eux, mais qu'elle est redéfinie. La perception de l'identité et de la vocation a bien changé : de l'utopie, on veut passer à la réalité. Cette citation de Sara indique le détachement qui lui permet de redéfinir la notion de vocation, laquelle était si importante pour elle :

> *Une vocation aujourd'hui ? Je ne sais plus si c'est aussi important. Je sais que j'ai besoin de me valoriser, je veux que ma vie serve à quelque chose d'utile et de bien, mais je ne pense pas que je veuille faire les choses unique-ment pour Dieu comme avant. Je ne crois plus en un dieu ou quelqu'un qui te dicte ta fonction et ta vocation. Je pense aujourd'hui que c'est plus l'esprit dans lequel tu fais les choses qui est important que ce que tu fais de concret. 100 % contraire à ce qu'on m'a enseigné !* (Sara)

Le processus de resocialisation a permis à Maurice de redéfinir sa vocation en termes concrets plutôt qu'en termes symboliques, comme c'était le cas lorsqu'il se considérait comme le *lieutenant* de Dieu (la fondatrice). Les relations avec de nouvelles personnes significatives, notamment dans le cadre de son travail, l'ont encouragé à poursuivre ses études. La resocia-lisation (Berger et Luckmann, 2003) nourrie par ces nouvelles relations et l'accès à l'information l'ont grandement aidé dans cette étape cruciale de redéfinition identitaire :

> *Ma clinique, c'est ma profession. Ma vocation est la guérison des gens par la psychologie. […] Je pensais que d'être un conseiller spécialiste en violence familiale aurait été suffisant, mais quand j'ai commencé mon programme en psychologie au doctorat, j'ai réalisé que c'était encore plus excitant !* (Maurice)

Par ailleurs, le cas des membres du groupe de Luc est quelque peu différent. Il semble que la plupart d'entre eux, lorsqu'ils vivaient dans la secte, ne se sont pas identifiés au rôle proposé. Devenir prêtre ou frère n'était pour eux d'aucun intérêt. En conséquence, lorsqu'ils sont sortis, ils n'ont pas eu à faire le *deuil* d'un rôle auquel ils ne s'étaient jamais attachés. En revanche, la question identitaire semble cruciale pour eux au point qu'ils la considèrent comme un des problèmes urgents qu'ils ont eu à envisager dès la sortie.

> *La chose qui aurait été la plus utile, la plus importante quand je suis sorti, je pense que c'est de trouver mon identité: une façon de me dire qui je suis réellement.* (Pierre, Groupe 1)

> *Ce qui aurait été pour moi le plus important à régler, c'est l'identité: où vas-tu? C'est ce que tu ne peux pas trouver et ça prend tellement de temps!* (Gilles, Groupe 1)

Cette quête constante de redéfinition identitaire se manifeste chez ces informateurs par la quête d'une identité qui est, en quelque sorte, objectivée. Ils cherchent, en fait, à retrouver en société une identité définie comme elle l'était au sein de la secte. Cela permet, par exemple, à Gilles (Groupe 1) de comparer son identité, cette réalité subjective, à une réalité objective lorsqu'il dit: « [...] *des problèmes* [...] *comme celui d'aller à l'école ou de trouver qui tu es.* ». Il juxtapose en effet deux éléments n'appartenant pas à la même catégorie. Dans la même veine, Pierre considère l'identité comme *quelque chose* qu'on perd et qu'on retrouve: «*Quand tu es là* [dans la secte], *tu es supposé la perdre. Essayer de la retrouver* [l'identité] *quand tu es en dehors n'est pas chose facile...* » Ainsi, il semble que Pierre et Gilles soient en quête d'une identité déterminée et objectivée, ce qu'ils ne trouveront pas en société. Ainsi, il nous apparaît que Pierre et Gilles soient encore à l'étape de la continuité, étant donné qu'ils n'ont pas encore pris conscience que l'identité, ce n'est ni déterminé ni objectivé. Ce choc des réalités pourrait ainsi les mener peu à peu vers la réalité de ce qu'ils sont par une redéfini-tion identitaire, cette fois-ci, bien personnelle et subjective.

Pour conclure sur ce point, on peut affirmer que la resocialisation des individus est possible, même quand elle touche de près la question identitaire. Non seulement Maurice semble être en mesure d'envisager son avenir avec enthousiasme, mais il réalise qu'il s'approche de plus en plus de celui qu'il est réellement:

> *Et maintenant* [à 46 ans], *je commence à être ce que je pense que j'aurais pu être au moment où j'avais 18 ans.* [...] *Oui, plus je vais, plus j'ai en fait un avenir et plus je vois le futur. Je fais juste commencer à la former* [l'identité] *et je suis content de mon identité.* (Maurice)

8

L'UNIVERS SOCIAL SECTAIRE

L'univers social sectaire se nourrit d'une conception d'un monde entièrement légitimé par le discours religieux. L'ordre significatif de la secte impose un *nomos*, cette manière que possède l'ordre social de nommer l'expérience des individus, qui permet à la fois de régir le fonctionnement interne et d'être une source de légitimation.

8.1. LA SOCIALISATION MARGINALE

Au chapitre 2, nous avons vu que la socialisation sectaire se compose, entre autres, d'une socialisation aux valeurs *variantes,* différentes des valeurs *dominantes* de la société (Kluckhohn et Strodtbeck, 1973). Nous considérons que la rupture avec le *monde* constitue pour la secte une valeur placée au premier niveau de sa hiérarchie des valeurs. Ce choix prioritaire crée par le fait même, comme nous l'avons établi, un environnement favorisant une socialisation marginale.

Rompre avec la société moderne a des incidences, à différents niveaux, sur les décisions prises à l'égard des enfants. Parmi les conséquences concrètes d'une telle rupture, c'est sans contredit le retrait des enfants de l'école et l'interdiction de fréquenter les institutions médicales qui affectent le plus les paramètres normatifs de la socialisation première des enfants des sectes. Ces choix, créant un niveau de rupture très élevé avec la société, favorisent une dérive sémantique dans le langage utilisé au sein de la secte et une normativité «encapsulée» (Stark et Bainbridge, 1985) par une religiosité en dérive.

8.1.1. LA SCOLARISATION PARTIELLE ET RESTREINTE

Le retrait de l'école publique ou d'une école privée reconnue par l'État, dans la plupart des groupes étudiés, est justifié par la croyance que ces établissements sont dirigés par des gens faisant partie du «monde du mal». Julie confirme: «*Nous avions l'école séparément parce que c'était mal d'aller à l'école.*»

Des écoles communautaires sont donc créées où l'on omet parfois certaines matières scolaires telles que les sciences. Luc précise: «*Mathématiques, français, anglais, c'était vraiment faible. Histoire, c'était leur idée de l'histoire, leur idée des études sociales. On apprenait beaucoup plus sur les saints.*» Comme l'illustre ici Ariane (Groupe 2), l'école de la secte sert essentiellement de lieu de transmission de l'enseignement doctrinal: «*La dictée c'est: "Le divin maître ne s'est jamais rendu coupable d'aucune impureté. Il n'avait ni vice ni défaut".*» Tout est mis en œuvre afin de former ces enfants à la virtuosité religieuse. Julie confirme notre propos:

> *Elle* [la leader] rédigeait *ses propres documents et nous devions tout lire.* [...] *Il fallait lire ça et lire la Bible. Elle écrivait toutes ces choses étranges. Quand nous avions une assemblée, il fallait connaître tout son matériel! Elle pouvait nous poser une question sur n'importe quelle page n'importe quand!* (Julie)

Nous savons, par l'intermédiaire d'Émile notamment, que la fréquentation de l'école permet, dans certains cas, la socialisation sectaire ratée (Berger et Luckmann, 2003). Au contact de l'extérieur, l'individu qui intériorise de nouveaux éléments et qui crée de nouveaux liens avec des personnes significatives pourrait avoir tendance à vouloir sortir de la secte. Cependant, pour un certain temps du moins, le jeune pratique son *ascétisme dans le monde* (Weber, 1995b) en se percevant porteur du message sectaire. Par cette citation, Émile illustre que son attitude renforce la rupture *intramondaine* (Luca et Lenoir, 1998) en l'*isolant* (Wilson, 1959) de plus en plus du monde:

> *Écoute, moi j'amorçais une confrontation avec un adulte. En religion* [le cours], *c'était un prêtre qu'on avait* [...]. *Moi, confronté au prêtre, je lui ai cloué le bec. Il ne savait tellement pas quoi me dire qu'il m'a sorti de la classe!* [...] *Et là, tu te fais dire à l'Église: "Vous avez des lumières que le monde*[1] *n'ont pas." Et là, tu disais: «C'est vrai!» Donc, ça me renforçait encore dans mes croyances. Et ça m'isolait.* (Émile)

---

1. Insinuant ici «les gens du monde». C'est la raison pour laquelle la conjugaison du verbe avoir est au pluriel. Cette conjugaison nous donne ici un aperçu d'une dérive sémantique.

Nous avons remarqué qu'à un certain moment, difficile à définir, ce sont les enseignements de la secte qui sont devenus pour lui erronés, conclusions qu'il a tirées à partir de ses lectures philosophiques et religieuses. Néanmoins, ce petit extrait illustre bien le fait que les enseignements à l'interne puissent demeurer, pour un certain temps, plus déterminants que ceux de l'école.

Enfin, les effets d'une scolarisation partielle sur l'intégration sont non négligeables. Ce n'est pas que l'individu soit ignorant, c'est que ce qu'il connaît n'est pas utile dans la société moderne. Non seulement sa vision du monde constitue un obstacle à son intégration, mais son manque de scolarité restreint ses compétences sociales.

8.1.2. LA MÉDECINE RITUALISÉE RELIGIEUSEMENT

L'autre manifestation assez éloquente de la rupture avec la société est mise en évidence par le refus de la fréquentation des institutions médicales, tant pour les enfants que pour les adultes. Ici, les croyances aux guérisons miraculeuses ou aux recettes magiques constituent les seules voies alternatives. Pierre (Groupe 1) raconte qu'afin de guérir une forme d'hépatite qu'il avait eue, ils l'ont placé en quarantaine, ne lui donnant que du persil et de l'eau afin de guérir son malaise. Malgré la contagion de la maladie, la règle stricte de ne pas consulter le médecin ne s'est pas assouplie :

> *Ils m'ont mis là, ils n'ont rien fait, je ne suis pas allé voir le médecin, absolument rien. Et ensuite, c'était contagieux. Il y a eu d'autres enfants qui ont été malades et personne n'est allé à l'hôpital pour ça. C'était comme une forme d'hépatite.* (Pierre, Groupe 1)

C'est le cas également du groupe d'Émile qui, selon son récit, relate le cas des femmes enceintes à qui il était défendu d'aller accoucher à l'hôpital : *«La parole qui m'avait marqué : "Quand le médecin entre dans la maison, Dieu sort !" Il y a des femmes qui sont mortes en couche. »*

Pierre illustre ici les techniques peu orthodoxes utilisées par celui qui était considéré comme le «docteur» de la secte :

> *Et puis il y avait ce charlatan, le «docteur». [...] Quand Fabien a eu sa pneumonie, il l'a couché, a pris un chat mort qu'il a tué lui-même, l'a enveloppé et l'a mis sur son ventre. Ça, c'était censé le guérir.* (Pierre, Groupe 1)

Mona a souffert particulièrement de maux de dents durant son enfance par manque de visites chez le dentiste. Sara se souvient encore d'un week-end de souffrances dues à un mal de dents où son père/leader a jugé la situation propice à un enseignement sur les forces du Mal – manifestées ici par son mal de dents – que le chrétien devait, en toutes circonstances, anéantir. Elle a pu finalement consulter le dentiste qui a prescrit sur-le-champ un traitement de canal.

Les récits de nos informateurs à cet effet confirment les études de Bottoms *et al.* (1995) sur les abus perpétrés à l'égard des enfants, notamment ceux impliquant le refus de soins médicaux pour des raisons religieuses. La maladie, dans l'univers sectaire des groupes que nous étudions, n'est pas perçue ici comme un malaise du corps. Les symptômes physiques douloureux deviennent plutôt l'objet d'une évaluation subjective. Appréhendée uniquement par le regard religieux, la maladie devient pour plusieurs groupes fondamentalistes un symptôme de l'état de faiblesse de l'être *charnel*. Certains groupes fermés, comme celui de Mona et Sara, voient dans le corps physique le lieu de manifestation d'une guerre entre les *Forces des Ténèbres* et les *Forces de Dieu*. Ainsi, être malade devient pour plusieurs de ces groupes le syndrome, non pas d'un corps malade, mais d'une faible *spiritualité* qui a besoin d'être nourrie de plus de foi. Mona illustre ici que ce sont les méthodes religieuses qui sont privilégiées pour contrer la maladie :

> *C'est sûr qu'au plan de la santé, on n'allait pas voir de médecin. Mais moi, je ne me souviens pas d'avoir été malade ! Par contre, j'ai eu beaucoup de maux de dents, énormément d'abcès.* [...] *On imposait les mains.* (Mona)

Au sujet de l'intégration, les informateurs relatent que non seulement il leur arrive d'avoir besoin de soins médicaux à leur sortie, mais, encore une fois, que c'est la vision du monde qui vient les affecter. Sara, par exemple, a beaucoup de difficulté à accepter de prendre des médicaments, se retrouvant avec des phobies que les *ténèbres* puissent se manifester par elle. Lorsqu'elle a eu besoin de visiter les médecins, elle a dû une fois de plus franchir l'idée que ces derniers n'étaient pas des représentants des forces du Mal et que les hôpitaux ne constituaient pas non plus un lieu régi par Satan.

8.1.3. LE LANGAGE HERMÉTIQUE ET LA DÉRIVE SÉMANTIQUE

L'enfant socialisé dans la secte a appris un langage particulier. Comme l'a expliqué Luca (2004), selon le niveau d'isolement du groupe les repères significatifs peuvent subtilement changer. La définition sémantique primaire d'un terme utilisé dans la secte peut en effet être interprétée de manière complètement différente de sa signification réelle. Nos informateurs indiquent que, lors de leur processus d'intégration, ils ont réalisé qu'un écart important existait entre leur langage courant et celui utilisé par les membres de la société. Comme un analphabète, l'individu socialisé en milieu sectaire ne sait pas lire les codes sociaux, ni communiquer les siens. Bref, la socialisation *hyper* religieuse comporte des codes de communication qui ne sont pas transposables dans la société environnante.

Johanne, lors de l'entrevue du groupe 2, dit avoir échoué sa première tentative de thérapie, entre autres à cause du langage qu'elle utilisait, propre à l'environnement religieux fermé où elle avait grandi. En effet, la psychologue ne saisissait pas bien les propos de sa cliente lorsqu'elle utilisait, par exemple, le terme « partager » qui signifiait pour elle avoir un rapport sexuel (consenti ou non) ou encore le terme « pêcher », qui signifiait aller sur la place publique évangéliser un homme en faisant jouer ses atouts féminins. Découragée du manque de communication avec sa thérapeute, Johanne a cessé son traitement. Aujourd'hui, elle a repris sa thérapie, mais dit utiliser des termes comme « sévices sexuels » afin de se faire comprendre.

Sara a été plus chanceuse. Sa psychologue, ayant décelé que Sara utilisait beaucoup de termes substituts, lui a enseigné les expressions justes. Considérons, par exemple, le terme « mouvement », qui a fait partie du langage symbolique commun dans la secte de Sara. Il signifie simplement l'exercice d'un rituel. Dans la même logique sémantique, la terminologie « mouvement de vie » signifie encore une fois l'exercice d'un rituel symbolique, mais cette fois-ci, en impliquant concrètement des rapports sexuels. Sans cette compréhension du langage particulier utilisé dans la secte, la psychologue de Sara ne serait pas en mesure de saisir que chaque fois qu'il est question de « mouvement de vie », il est finalement question de rituels sexuels. Sara veut ainsi signifier que les actes de viol, d'inceste ou d'agressions sexuelles étaient non seulement légitimés par un langage religieux, mais même le vocabulaire utilisé afin de désigner ces actes en détournait complètement le sens premier.

> *Même le mot « sexe » n'était pas utilisé. Tout était quelque chose d'autre. J'ai eu une bonne psychologue qui m'a réenseigné toutes les définitions. Tout le langage avait changé. [...] Les rituels sexuels, nous avions des noms pour ça. On n'appelait pas ça des rapports sexuels.* (Sara)

Les autres répondants confirment ici l'écart entre le langage symbolique, religieux ou ésotérique de la secte et le langage de la société environnante. Émile précise que le discours sectaire est codé : *« Tu as des termes, des expressions, un discours qui est précis. »* Il donne l'exemple de la lune qui, selon les croyances des adeptes, n'était pas réelle, mais symbolique : *« Moi quand je parlais de la lune, je parlais de la femme enceinte. »* Bien entendu, un langage plus religieux est également familier. Pour Julie, avoir « l'esprit d'iniquité », terme biblique, signifie *« fondamentalement que toi et Satan vous êtes ensemble. Tu as l'esprit d'iniquité. »* D'une façon ou d'une autre, tous les répondants s'entendent pour affirmer que le langage sectaire est distinct de celui de la société. Les propos de Mona représentent bien l'ensemble des commentaires : *« C'était notre langage de tous les jours. […] C'est comme une autre langue. »*

Nous verrons dans la prochaine section l'effet désastreux que pose un tel environnement où les agressions sexuelles commises sur les enfants, notamment, sont entièrement légitimées par le rituel et le langage religieux.

8.1.4. Une normativité « encapsulée » par une religiosité en dérive

Stark et Bainbridge (1985) désignent la secte comme étant une société *encapsulée*. Nos lectures de Dawson (1998) résumées dans le premier chapitre indiquent que la tendance à l'isolement n'est pas saine pour une société quelle qu'elle soit et que, si l'isolement se maintient trop hermétiquement, il est de plus en plus difficile pour les membres d'un groupe d'identifier les comportements qui pourraient s'avérer malsains et abusifs. Danièle Hervieu-Léger (2001) ajoute qu'un isolement trop serré peut contribuer au « dérapage » qui invite les dirigeants à créer des règles normatives de plus en plus détachées de la réalité du monde extérieur, au point que leur vision du réel peut rendre l'environnement social dangereux.

Certes, certains groupes sectaires ont procuré à leurs adeptes un environnement abusif, notamment à l'égard des enfants et des adolescents, mais ce qui ressort de façon éloquente de l'analyse de l'ensemble de nos entrevues, c'est la légitimation religieuse de ces abus. Il est possible, par exemple que des sévices sexuels puissent être sacralisés au point d'être transformés en rituels religieux, que l'abus de pouvoir puisse être occulté par l'aspect divin conféré au dirigeant qui utilise la prophétie directrice et même qu'une doctrine puisse justifier, voire encourager la violence – physique, psychologique ou verbale – à l'égard des enfants et des adolescents. Par conséquent, rejoignant ainsi l'étude sur les liens qui existent entre le religieux et les mauvais traitements d'enfants, étude menée par Bottoms *et al.* (1995), le religieux peut aisément devenir dans ce contexte un instrument légitimateur d'abus[2] ou de violence. C'est, selon notre analyse, une des particularités importantes des injustices vécues par les enfants/ adolescents des sectes.

---

2. Cet ouvrage ne sert pas à faire le procès des leaders. C'est pourquoi nous nous attarderons plutôt, dans les prochaines lignes, à la perception qu'a l'enfant dans un tel contexte.

Julie a eu une relation très difficile avec sa mère fondatrice. Toujours donnée en exemple aux autres enfants, elle a souvent été humiliée publiquement. Selon les dires de Julie, sa mère était assez violente dans ses propos. Toutefois, ce qui sans contredit l'a blessée le plus, c'est le rejet de sa mère à son endroit chaque fois qu'elle tentait de l'approcher, justifiant constamment son comportement par le discours religieux. Par exemple, celle-ci a utilisé le récit de *Joseph vendu par ses frères* – histoire biblique – afin de justifier l'envoi de la toute jeune Julie, pendant quelques mois, dans une autre maison communautaire située à plusieurs kilomètres de chez elle :

> *Elle m'a donné une jupe qu'elle avait faite pour moi qu'elle a appelée la jupe multicolore, pareille au manteau multicolore* [se référant ici à la Bible : Gen. 37 1-36]. *Deux mois plus tard, elle m'a déménagée à* [nom de la ville], *le plus loin possible d'elle. C'est comme si elle m'avait vendue comme esclave. Elle me l'a dit : « Voici ta jupe multicolore, sors de ma vie ! »*, *ce qui voulait dire : tu es une mauvaise personne, tu es méchante.* (Julie)

Par ailleurs, la violence verbale du dirigeant est généralement justifiée, dans le groupe de Mona et Sara, comme étant la manifestation des colères divines :

> *Il a toujours dit que c'étaient des colères de Dieu. Honnêtement, c'était tellement fort, tellement puissant qu'on pensait que c'était réellement des colères de Dieu. Ce genre de colère nous faisait trembler.* (Sara)

> *C'est la règle : le chicanage ! […] On y a goûté ! La colère de Dieu évidemment ! Ce n'est pas la colère de mon père, mais la colère de Dieu ! Une sainte colère !* (Mona)

La violence physique, assez sévère dans le cas d'Émile, était légitimée par la doctrine même du groupe, rejoignant ainsi les théories de Greven (1991) sur le fondement religieux de la violence à l'égard des enfants. Émile explique que les gens de sa communauté croient que le salut personnel d'un parent est tributaire de l'état de sainteté de ses enfants. Cette conviction exerce une pression psychologique importante sur le parent, qui fait tout en son pouvoir pour que son enfant demeure dans la « bonne voie ». La violence physique dans son groupe pouvait devenir dangereuse et mettre même en péril la vie des enfants, comme le mentionne Émile : « *J'avais peur de me faire tuer une bonne journée.* » Malgré tout, il explique ici son bien-fondé :

> *Les croyances religieuses leur donnaient des lettres de noblesse : « Ton enfant, c'est ton salut éternel. Si tu manques ton coup, c'est toi qui va payer pour »,* · *c'est-à-dire que de me contrôler et me battre, c'était une bonne chose parce que c'était justifié. […] Mais lui* [le fondateur], *il disait que quand un enfant n'écoute pas, il fallait utiliser la férule, qui est un fouet court qu'on utilisait pour les prisonniers à l'époque, avec plusieurs lanières de cuir et*

des billes de métal dans les extrémités. Autrement dit, tu peux le battre au sang. [...] Et si tu manques à ta tâche, si tu ne veux pas y faire mal au petit gars, à ce moment-là, ça va être ton salut éternel que tu vas perdre. Considérant le fait que leur salut dépendait de moi et de mon comportement, c'était une discipline qui était militaire dans la maison parce que si moi je faisais un faux pas, eux auraient payé pour l'éternité ! Leur salut éternel en dépendait. (Émile)

Dans la même veine, Pierre (Groupe 1) manifeste son incompréhension face à la légitimation religieuse des violences physiques : «*Être battu par un alcoolique, on sait que l'alcoolique a un vice, mais être battu par un soi-disant pape, clergé élu par le Christ lui-même...* »

Par ailleurs, les rituels peuvent également servir à légitimer les mauvais traitements ou les négligences à l'égard des enfants ou adolescents. Sara, issue d'une secte où l'activité sexuelle était fréquente lors de rituels, raconte qu'elle n'avait jamais compris, durant son temps passé à la secte, qu'elle avait été victime de viol :

Tu n'as jamais l'impression d'être forcée, tu n'as jamais l'impression d'être violée, même si tu l'es. C'est comme la pilule du viol, mais là tu es endormie par la religion. [...] Ça avait du sens pour moi. Je faisais ça pour Dieu, autrement, je peux vous dire que je n'aurais jamais fait tous ces rituels sexuels. [...] Quand j'ai donné tous les détails à ma psychologue, elle m'a dit : « Ça, ça s'appelle un viol ! » (Sara)

Mona, issue du même groupe que Sara, précise ici à quel point le discours religieux peut fournir des explications à tout comportement, même pour des gestes coercitifs. Lorsqu'elle retourne chez son père/leader parce qu'elle se croit enceinte[3], elle accepte de suivre les règles du groupe. Les adeptes, percevant l'enfant qu'elle porte comme un enfant *satanique*, proposent à Mona de purifier cet enfant par un rituel :

Quand je suis arrivée là, pour eux, mon bébé était ensemencé du monde. Alors, pas question d'avoir un enfant satanique ! Ils m'ont fait faire un rituel spirituel qui était de me faire réensemencer par un homme qui n'était pas de Satan. Alors, ça ferait de l'enfant une sainteté. J'ai toujours 16 ans. Alors, j'ai ordre de faire l'amour avec cet homme-là, qui ne m'attire pas du tout, qui a au moins 40 ans. Il faisait l'amour et en même temps, il priait, il priait[4]. (Mona)

---

3.   Les médecins ont découvert lors de l'échographie que Mona ne portait pas de bébé. Les symptômes de la grossesse, pourtant bien réels, ont collaboré à poser le diagnostic d'une *grossesse nerveuse*.

4.   Mona aurait pu, puisqu'elle n'était pas enceinte, le devenir à la suite du rituel.

Mona affirme ne pas avoir vécu ces rituels comme des agressions sexuelles : *« J'étais consentante. Écoute, à 16 ans, tu es bien inconsciente. Je ne me sentais pas violée. Non, je ne me suis pas sentie comme ça. »*

Nos analyses démontrent également que le jugement de ceux qui ont grandi au sein de tels milieux, tant le jugement critique que le jugement moral, risque d'être brouillé par cette légitimation religieuse (c'est surtout le cas de ceux et celles qui n'ont pu fréquenter le monde extérieur). Certes, il serait aisé de conclure, à partir de ces données, que l'enfant ou l'adolescent est *dépourvu d'une capacité de jugement critique*, mais nous croyons plutôt qu'en définitive il *utilise effectivement son jugement*, mais que celui-ci est dysfonctionnel. En fait, le jugement de l'individu s'appuie sur de mauvaises prémisses, soit sur une rationalité en valeur et sur une logique religieuse fondée sur des croyances utopiques. Nous insistons encore une fois sur l'aspect totalisant et englobant de la socialisation religieuse qui, dans ce cas-ci, tend à se résorber par un dysfonctionnement du jugement critique ou moral.

Ainsi, la légitimation religieuse des actes abusifs, en plus de créer chez l'enfant des séquelles non négligeables, provoque une confusion additionnelle lors du processus de guérison psychologique, le jugement des enfants ou des adolescents ayant été abondamment brouillé par la charge significative donnée aux gestes posés. Du fait de leur caractère sacré, des explications doctrinales ou des justifications bibliques accordées aux gestes abusifs, le jeune n'a pas cette impression d'être abusé. La socialisation religieuse occulte l'aspect abusif des actes posés.

Un exemple significatif nous est fourni par Maurice, qui a reçu une prophétie lui ordonnant d'épouser la fille de la fondatrice[5]. Notons au passage que Julie et Maurice avaient respectivement 12 et 15 ans lorsqu'ils ont reçu cette prophétie.

Nous avons ici l'expression de l'attitude de Maurice qui démontre que la prophétie camoufle bien l'abus de pouvoir :

> [...] *je croyais que les pensées de* [mon leader] *étaient les pensées de Dieu. Elle* [mon leader] *m'a dit dès le début : « Voici ce que Dieu veut que tu fasses... Bien sûr, tu vas faire ce que Dieu te demande, donc je n'aurai pas à te forcer. » Elle ne m'a vraiment pas forcé.* (Maurice)

Ce mariage était inconcevable pour Maurice du fait qu'on lui proposait d'épouser une fille avec qui il avait passé la majeure partie de son enfance, ce qui procurait pour lui, une qualité incestueuse à cette relation. Moralement

---

5. Ces alliances matrimoniales internes rejoignent les observations de Luca (2004) que nous avons exposées au chapitre 1. En effet, ce mariage entre les membres resserre les frontières avec l'extérieur en fermant le système de communication qui isole la secte.

en désaccord avec les conséquences d'une telle union, Maurice accepte tout de même d'obéir à la prophétie, considérant cette route comme une voie écrite par Dieu. Le religieux aura eu préséance sur son jugement moral :

> *Durant toute ma jeunesse, c'est la seule prophétie qui a dirigé ma vie. Mais c'en était tout une ! J'en ai été malade ! Ça m'a perturbé pendant… Je me rappelle avoir été malade physiquement. Ça me paraissait si incestueux pour moi ! Je ne pouvais pas le croire ! Je savais que je n'avais pas le choix et que ça arriverait ! Encore aujourd'hui, j'ai encore un problème avec la qualité incestueuse de la relation avec ma femme ! Je me rappelle que dans ce temps-là, je me disais : « C'est très pervers. » Et j'étais malade de penser qu'ils me voulaient dans une relation incestueuse. J'ai résisté pendant des années, mais finalement j'ai obéi.* (Maurice)

De surcroît, cet extrait de nos sources secondaires permet d'élucider comment la croyance religieuse peut brouiller le jugement d'une adolescente. Celle-ci a connu David Koresh à 14 ans et a eu avec lui des rapports sexuels alors qu'elle en avait 17. Il semble que l'union avec le chef était largement porteuse de significations religieuses et utopiques :

> *Une union avec Koresh était spirituelle […]. Tu vas marier ce gars et il est Dieu, et un jour, il va ressusciter en un être humain parfait […] Il est parfait et il sera le père de tes enfants. Que peux-tu demander de plus ?* (S12, p. 50)

En somme, il semble que, pour toutes les raisons évoquées plus haut, selon le degré de fermeture de la secte avec l'extérieur, un mouvement religieux abusif peut tranquillement déraper pour se transformer en un environnement dangereux. Il serait trop long ici de citer toutes les anecdotes effroyables qu'ont rapportées nos répondants. Retenons toutefois que la violence physique et verbale, le travail forcé, les sévices sexuels, la faim, le froid, le manque de sommeil, les conditions sanitaires inadéquates, le statut matrimonial déterminé avant l'âge légal du consentement et la séparation parfois totale avec les parents ont constitué des formes d'abus qui ont fait partie du quotidien de nos informateurs. Précisons que, si ces mauvais traitements n'étaient pas toujours légitimés par le religieux, ils s'inséraient néanmoins dans un univers entièrement religieux.

Ainsi, l'aspect normatif de la vision du monde de la secte est un paramètre essentiel de la socialisation marginale qui a un impact non négligeable sur le processus d'intégration des individus socialisés en milieu sectaire.

8.2. LES RAISONS DU DÉPART OU LA DÉLÉGITIMATION DE L'ORDRE SOCIAL SECTAIRE

L'individu socialisé en bas âge en milieu sectaire qui décide de quitter sa communauté a l'impression profonde de prendre un risque élevé en ayant dorénavant à vivre dans le *monde*. Nous avons vu plus tôt que cet individu croit qu'en quittant la secte il pourrait, par exemple, « perdre son âme » ou encore marcher littéralement sur le terrain de Satan. Nous avons cherché à trouver ce qui peut motiver alors un départ de la secte. Il semble, à l'analyse des récits, que ce soit une faille dans l'univers du *nomos*. En termes plus clairs, l'univers normatif qu'est la secte – règles, normes et modes de pensée justifiés par une rationalité religieuse particulière – est déstabilisé par une incohérence dont prend conscience le membre du groupe. Cette faille déclenche le processus de délégitimation, lequel est en mesure de générer la force et le courage d'affronter les peurs et de concrétiser un départ.

Comme nous venons tout juste de l'exprimer, le jugement moral est souvent brouillé par la légitimation religieuse des actes et attitudes propres au groupe. Le fait, donc, d'être abusé physiquement ou sexuellement ne constitue pas *a priori*[6] une raison de départ : bien souvent, les individus socialisés en milieu sectaire n'ont pas conscience de leur statut de victimes ni de l'immoralité de ces actes. Par contre, pour celui qui a subi des sévices durant l'enfance et qui a accepté une vie d'abnégation depuis l'adolescence, la prise de conscience d'incohérences dans la logique favorisant la légitimation du pouvoir du leader peut agir comme une étincelle sur une flaque d'essence. Un petit doute peut se transformer en colère, un départ individuel peut susciter un exode et le découragement d'un membre peut conduire au meurtre et au suicide.

L'exemple des membres du groupe 1 est très évocateur. Les informateurs relatent que c'est après qu'un garçon eut dénoncé l'agression sexuelle qu'il avait subie par le chef que chacun des membres, peu à peu, a réalisé qu'il n'avait pas été le seul à subir ces sévisses. L'histoire, qui a fait le tour de la communauté, n'a pas d'abord provoqué un scandale de type moral, mais a été interprétée comme un manquement à une règle communautaire : celle de la chasteté exigée par le dirigeant. La première réaction des membres n'a d'ailleurs pas été de fuir ou de se révolter, mais de tenter d'obtenir un vote démocratique afin de remplacer le leader. Bien que la moitié du groupe ait choisi le changement, personne n'a réussi à faire tomber le chef de sa position d'autorité. Remarquons ici que ce mouvement de l'intérieur ne concernait pas d'abord la mise en doute doctrinale, mais

---

6. Voir p. 149. L'accumulation d'abus constitue en effet une raison de départ, mais pas *a priori*.

uniquement la mise en doute du leadership et du respect de la doctrine elle-même. Comme le chef a refusé de quitter son poste, il était devenu inconcevable pour Pierre, qui avait passé son enfance dans ce groupe, de continuer à vivre la chasteté alors que le dirigeant lui-même ne se soumettait pas aux mêmes règles. Cet exemple illustre à quel point la conception morale peut être brouillée et le jugement critique biaisé, les actes abusifs étant interprétés selon des paramètres complètement différents de ceux de la société.

> *Aussitôt que* [mon leader] *a commencé à toucher aux garçons... L'histoire s'est rendue devant tout le monde. On s'est dit: « On va se rencontrer, on va présenter une offre de démission au chef parce qu'on ne veut pas le reprendre comme chef spirituel ».* (Gilles, Groupe 1)

Dans ce cas précis, ce qui délégitime l'autorité du leader, c'est le non-respect de la doctrine par celui-là même qui l'a créée. Par conséquent, cette dissonance entre le discours religieux légitimant et l'action du dirigeant montre une incohérence facilement identifiable, même par ceux qui ont été socialisés dans ce groupe depuis leur enfance. Cela constitue une raison suffisante pour quitter à jamais l'univers restrictif malgré les craintes ou les risques encourus lors d'un départ. C'est dire à quel point le respect de la rigidité des règles légitimées devient fondamental dans un univers marginal. Nous observons dans cet extrait, de façon quasi mathématique, le processus de délégitimation:

> *Écoute, le chef, c'est lui qui est chef et il fait des choses de ce genre* [agressions sexuelles]. *Là, tu défais toutes les choses après... Le vendredi, c'était le jeûne. « Le vendredi, pourquoi est-ce que je ne devrais pas manger ? » Alors, ils ont commencé à être rebelles. Tranquillement pas vite, ils se rebellaient de plus en plus. « Pourquoi me lever à cinq heures du matin pour prier avec les frères et les prêtres ? »* (Pierre, Groupe 1)

Dans le cas de ce groupe, un premier départ a été le déclencheur d'un mouvement important d'exode[7] impliquant plusieurs membres qui avaient passé leur enfance au sein de ce groupe:

> *Comme il n'a pas démissionné de son poste, ça a commencé à sortir. Tous à cause de la même histoire... C'est un exode parce qu'il y a beaucoup de gens qui sont sortis par la suite. Ça, ce sont les premiers départs du groupe.* (Pierre, Groupe 1)

Nous retrouvons la même situation chez Carole. Le dirigeant, son père, a prêché durant une vingtaine d'années dans les écoles et les prisons, a mis sur pied une organisation chrétienne qui se voulait une œuvre pour

---

7. Le groupe La Famille/Enfants de Dieu (Kent, 2004) ainsi que celui de l'Église de l'Unification ont dû aussi faire face à un mouvement d'exode des membres qui sont nés dans leur groupe.

les démunis et voilà que les membres du conseil d'administration donnent leur démission l'un après l'autre. Le leader aurait utilisé les fonds de l'organisme de manière frauduleuse, entre autres pour faire vivre sa maîtresse et subvenir à son problème d'alcool qu'il réussissait à camoufler.

Lorsque la situation malhonnête de son père est exposée au grand jour, Carole vit cette situation de façon dramatique. Bien qu'elle affirme n'avoir jamais adhéré totalement à l'idéologie du groupe, elle n'était pas pour autant contre: « *Oui, je croyais. Je trouvais que ça avait du bon sens.* » La double vie de son père/leader, cette dissonance entre les gestes posés et la doctrine enseignée, crée une incohérence dans l'univers normatif suffisamment importante pour que Carole rejette en bloc tout ce qui peut venir de sa communauté. Carole affirme que, dans son groupe, « *ce qu'ils disent, ça ne marche pas avec ce qu'ils vivent* ». Nous sommes en mesure ici de constater que le processus de délégitimation est bien amorcé:

> *Mon père disait toujours: « Attention, la chair est faible. » Moi, je pensais qu'il le vivait! Mais quand j'ai su tout ce qu'il faisait, [...] Oui, il a trompé ma mère... [...] Oui, il prend un coup. Quand j'ai su tout ce qui est arrivé, j'ai dit: « Voyons donc! Il ne peut pas prêcher la Parole* [de Dieu] *et puis vivre le contraire! » Tout a éclaté, la famille,* [mon groupe] *a fermé! [...], mais le pire, c'est qu'il parle encore de la Bible! C'est parce que je ne comprends pas, je ne comprends pas encore...* (Carole)

Il semble que la dissonance entre les agissements et la doctrine ait également été présente au sein de la communauté d'Émile:

> *Moi, c'est tout biaisé ce que j'ai retenu d'eux parce que ce n'est pas ça qu'ils enseignaient. Tous ces gens-là, je ne vois pas ce qu'ils faisaient pour s'améliorer. Je pense à mes parents: à part me battre, sacrer, etc., ils faisaient quoi pour s'améliorer?* (Émile)

Outre la discordance entre la théorie et la pratique des dirigeants, nous avons décelé un autre élément qui peut causer une faille dans l'univers du *nomos*. En effet, il semble que la légitimation de l'environnement normatif s'effondre devant un cumul d'abus, de contraintes ou de restrictions qui affecte la personne au point qu'elle ne peut plus, physiquement ou psychologiquement, résister et surmonter la douleur ou le sentiment de malaise. En ce sens, nous rejoignons les résultats de l'étude en psychologie de Kendall[8] (2005). Cette étude a en effet démontré que l'accumulation d'abus est une raison importante invoquée pour motiver le départ de plusieurs individus qui ont passé leur enfance en milieu sectaire.

---

8. Nous avons eu la chance d'échanger avec elle sur ce sujet lors d'une rencontre à un colloque international.

Citons par exemple la situation de Mona[9] qui, face aux colères de son père/leader, colères en apparence religieuses, ne peut plus supporter les contraintes de liberté imposées au nom de l'obéissance religieuse. Cette option ne lui offre d'autre choix que de partir :

> *Il me fait une crise dont je me souviendrai toujours parce que je n'avais pas prié avant de poser la jardinière au plafond. Je n'avais pas demandé au Bon Dieu pour savoir si c'était correct que je pose la jardinière! […] Non, c'est trop! […] On ne pouvait pas mettre un pas en avant sans demander au Bon Dieu et si je l'avais fait, je me serais fait chicaner parce que ce n'était pas encore comme il faut. Là, j'ai dit: «Non : c'est terminé, je m'en vais!» Ça, ça a été la goutte qui a fait déborder le vase. Puis là, la colère pour une jardinière! […] Ce n'était pas la première fois, mais là je n'étais plus capable.*
> (Mona)

Dans certains cas, les adeptes qui ont été abusés sans se révolter réagissent violemment lorsqu'ils voient que leurs propres enfants éprouvent à leur tour ce qu'ils ont subi. Julie, qui réalise que ce sont maintenant ses enfants qui commencent à être abusés violemment comme elle l'a été durant son enfance, réagit et veut quitter la secte.

> *Premièrement, j'avais mes enfants. Je ne pouvais pas accepter comment ils étaient traités, je veux dire, la façon dont ils le seraient. Mon fils, même ma fille… Je me disais, je ne peux pas faire ça!* (Julie)

Cette réaction est certainement révélatrice du fait que la personne, malgré son obéissance dans la secte, a souffert et réalise consciemment cette souffrance par l'entremise de ses enfants. Quant à Maurice, il réalise que, même s'il fait partie des *Anciens* et qu'il est un des préférés de la fondatrice, il ne lui sera accordé aucun privilège quant aux humiliations publiques[10] et il devra, lui aussi, les subir. Il semble ici que la réprimande charitable, l'introspection et la discipline, dont parle Weber (1985) à propos de l'éthique radicale de la secte, se soient transformées en un acte abusif, suffisamment dérangeant pour que cet exercice constitue, chez Maurice, le déclencheur d'un départ. Sachant exactement ce qui l'attend, Maurice réagit vivement.

---

9. Mona explique dans son récit que, depuis son enfance, elle a subi maintes et maintes fois les colères violentes de son père. Elle ajoute qu'elle n'a pas toujours compris l'objet des réprimandes, étant donné que la plupart du temps elles étaient justifiées par des raisons religieuses.

10. L'exercice pouvait durer entre quelques heures et quelques jours. Maurice explique: «[…] *il y avait des rencontres pour des instructions religieuses et les gens allaient sur quelqu'un pendant, avant ou après ces réunions. On attachait cette personne ou on la jetait par terre et il y avait de longues sessions où elle était par terre et tout le monde criait.*» En fait, c'était le moment pour cette personne de se faire dire ses manquements à la communauté et ses péchés.

Alors, je me suis dit: «Je ne veux pas jouer à cette game! Il n'y a pas d'autre vie, nulle part ailleurs, mais je ne ferai pas partie de cette game là!» Donc, j'ai simplement abandonné et j'ai quitté la game! [...] À l'intérieur d'une semaine, nous sommes partis. Il n'y avait pas de choix. Je le savais: je ne me ferais pas humilier publiquement. Ça, ça n'arriverait pas. Je ne serais pas humilié comme tout le monde l'avait subi toutes ces années. Ça, ce n'était pas pour m'arriver[11]. (Maurice)

Quant à Sara, c'est son corps qui lui sert de révélateur, car, comme nous l'avons cité plus haut, elle ne croyait pas que lors des rituels il y avait eu abus. Son corps ne cesse effectivement de lui indiquer, par des symptômes psychosomatiques, qu'il en a déjà trop subis. Elle devient très malade, mais après des examens on conclut qu'il s'agit d'effets psychosomatiques relatifs aux violences psychologiques et agressions sexuelles subies. Malgré toute l'obéissance qu'elle a démontrée et sa croyance à la vision du monde transmise, elle craint de mourir et choisit la survie.

Pendant un an, j'avais tous les symptômes de la tuberculose. Je crachais le sang. Ajouté au fait que quatre personnes sont décédées dans notre groupe une après l'autre, ça a été ce qui m'a convaincue de partir. [...] J'ai toujours dit que je n'ai jamais quitté parce que je savais que tout ça, c'était erroné, mais parce que je n'étais plus capable de supporter pendant une minute de plus cette vie. Je suis sortie par instinct de survie. [...] Le sentiment dont je me souviens le plus, c'est un sentiment d'épuisement. À la fin, je pense que j'avais peur de mourir tellement j'étais fatiguée. Je n'avais pas d'idées suicidaires, mais l'idée de mourir, ça me réconfortait. (Sara)

Dans la même foulée, Pierre et Ariane, des groupes 1 et 2, ont affirmé clairement que leur première motivation a été de quitter leur quotidien, qu'ils trouvaient trop lourd. Lorsqu'ils réalisent que leur avenir se résume à vivre dans cet univers restrictif, ils choisissent de partir:

J'ai quitté quand je ne pouvais finalement plus en prendre. On m'a dit que si je quittais le groupe, je mourrais, je deviendrais folle. Ce serait aussi grave que de contracter un cancer horrible ou n'importe quel microbe. J'ai décidé que même une mort atroce était une meilleure alternative qu'une existence malveillante et misérable. (Ariane, Groupe 2)

Mon seul regret, ça a été de ne pas être parti plus de bonne heure. Je me souviens, on s'en allait sur le chemin en plein hiver, je pensais à ça et je me disais: «Même si je devais mendier, je ne retournerai jamais.» (Pierre, Groupe 1)

---

11. Ces propos ont été dits avec beaucoup de colère.

Une de nos sources secondaires a eu aussi peur pour sa vie :

À quelques reprises, on m'a presque tuée et ça a été une des raisons pour laquelle je ne faisais que penser à sortir de là. (S1)

Ainsi, l'accumulation d'abus et de contraintes devient une raison importante des départs volontaires invoquée par ceux qui ont grandi dans les sectes, mais indirectement, car les abus ne sont pas jugés consciemment comme tels. Il semble, selon les témoignages, que l'instinct de survie a joué un grand rôle dans leur décision de quitter la secte. Par contre, c'est davantage la dissonance entre la dogmatique et les comportements des dirigeants qui crée une faille dans l'univers du *nomos* et amorce un processus de délégitimation, lequel produit inévitablement, dans les cas analysés, l'actualisation d'un départ.

8.3. LA REPRODUCTION DE L'ENVIRONNEMENT NORMATIF

Après leur départ, nos informateurs démontrent qu'ils sont portés à *continuer* d'avoir certains comportements ou attitudes appris dans leur milieu, comme celui de ne pas rendre visite au médecin en cas de besoin, la médecine moderne ayant été jugée trop longtemps diabolique. D'une part, l'individu qui quitte l'univers abusif sectaire a tendance à reproduire, dans son quotidien, l'environnement normatif de la secte. D'autre part, il peut également générer les modèles relationnels qu'il a intériorisés dans son enfance avec les gens qu'il côtoie.

8.3.1. LA REPRODUCTION DE L'UNIVERS MARGINAL

Nous avons constaté que Mona, vingt-six ans après sa sortie, consulte peu ou pas le médecin et démontre une instabilité constante dans son rapport avec l'argent. Lorsqu'elle a de bonnes entrées financières, elle se meuble à neuf et se procure des vêtements coûteux et, quelques mois plus tard, mal à l'aise avec cette « richesse », elle vend ou donne tous ses effets. Peu après, elle recommence le même cycle.

À ce premier exemple s'ajoute celui d'une de nos informatrices du groupe 2. Alors que son mari semble toucher des revenus satisfaisants, elle continue de se procurer des vêtements usagés dans des friperies de bas de gamme et achète rarement des effets pour elle-même. De plus, elle ne fréquente jamais le salon de coiffure, ne porte aucun maquillage, n'est pas à l'affût de la mode, ne consulte le médecin qu'en extrême urgence et ne sort jamais pour se distraire. Ces comportements (qui ne se rapportent pas à une volonté de «simplicité volontaire») reproduisent de toute évidence la pensée de quelqu'un qui a été socialisé dans un univers en rupture avec la société, un univers marginal.

Il semble par ailleurs que l'individu, à cette phase du début du processus d'intégration en société, puisse non seulement reproduire l'univers fermé de la secte dans son quotidien, mais également le discours qui justifiait le caractère abusif des comportements. Constat troublant: Sara et Julia (S1)[12], même sorties de leur environnement sectaire, n'ont pas nécessairement changé leurs façons de penser. Toutes les deux ont continué de croire, pendant un certain temps, que les règles étaient les mêmes dans la nouvelle société et que leur comportement n'était pas immoral:

> *Honnêtement, je croyais que Dieu me demandait ça* [de coucher avec un homme]. *J'ai tout simplement répondu. Je croyais fermement que je devais obéir à Dieu. Pour chaque homme qui «flirtait» avec moi, je pensais que Dieu me demandait de coucher avec lui...* (Sara)

Julia a appris, dès son jeune âge, le *flirty fishing*. En substance, cette pratique prônait la séduction, voire la relation sexuelle comme méthode de prosélytisme. Étonnamment, la première activité à laquelle Julia s'est adonnée après son départ a été la prostitution. Elle nous expose ici combien elle a été stupéfaite de constater l'illégalité et l'immoralité de cette activité:

> *Je ne pensais pas que c'était quelque chose de mal* [le *flirty fishing*]. *Je ne pouvais pas voir comment ce qu'ils faisaient pouvait être mal. Je ne savais pas que cela était quelque chose qui n'était pas considéré comme correct dans la société.* (S1)

Ces deux exemples illustrent bien à quel point la socialisation religieuse et l'ordre social abusif intériorisé et légitimé par le religieux lors de la socialisation première peuvent être bien ancrés dans la conscience des individus. Il semble effectivement que l'environnement normatif d'un enfant, même abusif, puisse devenir un monde «allant de soi», comme il en a été question au chapitre 2 en référence aux travaux de Berger et Luckmann (2003). L'individu fait ainsi la démonstration que sa socialisation au sein de la secte est réussie.

8.3.2. LA REPRODUCTION DES MODÈLES RELATIONNELS

Il est entendu que les informateurs ont tendance, dans leurs rapports immédiats, à reproduire les modèles de relation intériorisés dans la secte. Il serait trop long de faire ce type d'analyse à ce stade-ci, mais nous ne pouvons ignorer l'impact du rapport enfant/leader sur le processus d'intégration.

---

12. Nous avons eu la chance de rencontrer Julia et d'avoir une discussion avec elle.

Certains individus socialisés en milieu sectaire ont expérimenté des difficultés majeures dans leur fonctionnement social, notamment dans leur rapport à l'autorité.

Mona et Maurice ont été particulièrement atteints par la forme de leadership sectaire. Les deux groupes dont ils sont issus ont en commun une violence verbale des dirigeants, un haut degré de radicalité normative ainsi qu'un manque de clarté dans les règles punitives fondées sur le religieux et, bien souvent, sur l'humeur du leader. Ces enfants n'ont pas toujours su pourquoi ils se faisaient punir. La relation de Mona et Maurice avec leur leader et, dans le cas de Maurice, avec les *Anciens*, a eu des répercussions dans leur fonctionnement social, notamment dans le cadre de leurs activités professionnelles. Mona et Maurice ont tendance à reproduire la même relation avec leur supérieur que celle qu'ils ont eue avec le leader.

Maurice témoigne que, lors de ses premières années sur le marché du travail, son programme exigeait une inspection annuelle de sa comptabilité par un inspecteur gouvernemental. Il vivait alors une panique face à cette nouvelle autorité, tout comme s'il s'agissait de la dirigeante de la secte.

> *S'il* [l'inspecteur] *venait et trouvait une seule faute, je mourrais. J'étais terrifié l'année longue à l'attendre. Quand il venait, j'avais deux mois de répit. Ça m'a pris à peu près dix ans avant de réaliser que personne ne pourrait plus me mettre dans cette position de nouveau parce que tout était dans ma tête.* (Maurice)

De plus, Maurice manque d'autonomie face à l'autorité:

> *Je cherchais constamment les nouveaux* Anciens. *Mon premier emploi, j'ai eu à le quitter après cinq ou six ans parce que ça devenait trop difficile. J'avais des difficultés à savoir comment interagir. Je me rappelle… Si quelque chose arrivait, j'allais voir mon patron pour lui en parler comme s'il était mon* Ancien! (Maurice)

Mona demeure sans conteste l'exemple le plus éloquent de reproduction du modèle relationnel leader/enfant. Pour Mona, se libérer de la projection de la figure autoritaire de la secte sur ses supérieurs dans son environnement professionnel est le défi central à relever en société. Il semble que le rapport enfant/leader qu'elle a vécu au sein de deux groupes différents ait laissé de fortes empreintes:

> *Moi, c'est plus l'autorité. J'ai été marquée au fer rouge par l'autorité. L'autorité de Michèle* [la responsable des enfants], *l'autorité de Nicolas* [le premier leader], *l'autorité de papa* [le deuxième leader]… *Moi, j'ai été en face de l'autorité. J'étais un minuscule être humain à côté de lui.* […] *Mon père, c'était un homme violent.* (Mona)

Mona vit une instabilité chronique dans sa vie professionnelle. Devant ses supérieurs qu'elle appréhende comme autorité intransigeante et non négociable, elle ne voit d'autre solution que de partir :

> *Les conséquences directes, dans ma vie de tous les jours, ça a été la relation avec l'autorité. Ça m'a donné comme conséquences beaucoup de problèmes parce que je n'ai jamais été capable d'être en relation avec un patron. J'ai changé d'emploi... Écoute, je pourrais les compter, j'ai un CV très épais. Tout ça parce que pour moi le patron égalait « autorité ». Je n'ai jamais eu de patrons méchants, mais ça a égalé l'autorité. Et moi, j'avais l'attitude rebelle et j'ai été souvent remerciée. La minute qu'il y avait quelque chose qui ressemblait le moindrement à papa dans l'attitude manipulation ou quoi que ce soit, c'était épouvantable! [...] Juste par sa position. Je te le dis, au plan du travail, ça a été ma plus grande plaie. Vraiment, c'est le cœur de ma blessure. Ce n'est pas guérissable.* (Mona)

Les situations de Mona et de Maurice confirment notre hypothèse selon laquelle plus le degré d'autoritarisme subi par un enfant aura été important, plus le processus d'intégration sociale sera difficile sous certaines facettes, notamment les rapports hiérarchiques qui font généralement partie des milieux de travail. De plus, les situations vécues par nos informateurs qui reproduisent l'univers normatif, abusif et marginal de la secte illustrent le degré de difficulté du processus d'intégration sociale.

8.4. LA PRISE DE CONSCIENCE DES ABUS ET L'ACCENTUATION DU PROCESSUS DE DÉLÉGITIMATION

Les théories sur l'anomie dont il a été question au chapitre 2 nous indiquent que la socialisation procure un certain nombre de repères aux acteurs sociaux. La société d'appartenance, par la légitimation des règles et des normes sociales, agit de plus comme un environnement protecteur face à la terreur du chaos. Perdre ces repères ou la sécurité normative, c'est s'exposer, comme le disent si bien Berger et Luckmann (2003), à vivre la terreur anomique. Conséquemment, certains informateurs, comme Maurice et Sara, devant le manque de repères normatifs dans la société, éprouvent un fort sentiment anomique :

> *Extérieurement, j'avais la même apparence que tout le monde. Mais, à l'intérieur, j'étais terrifié parce que je ne connaissais pas le système. [...] Si je n'ai pas pu tout figurer, ça commence à me faire peur. Si je n'ai pas du tout figuré comment ça marche, alors là j'ai vraiment peur. Parce que le monde est plus gros et tu peux manquer des choses, des signaux et alors je me dis que ce monde est une place dangereuse.* (Maurice)

Si quelqu'un me laissait dans un lieu public, ne serait-ce que quelques minutes, au restaurant ou dans un centre d'achats par exemple, je me sentais abandonnée dans un monde d'étrangers et je perdais tout repère. C'était la panique totale. C'est comme si je ne savais plus où j'étais. (Sara)

Dans le cas qui nous occupe, quitter l'environnement normatif contraignant de la secte et délégitimer peu à peu les règles sectaires accentuent le sentiment de désorientation. Bien que le processus de délégitimation ait été amorcé au moment du départ, c'est surtout à cette étape-ci, l'étape du *choc des réalités*, que l'individu constate à quel point le discours religieux dans lequel il a grandi a pu servir à justifier des actes abusifs. En effet, plus la délégitimation religieuse s'accentue, plus sa prise de conscience d'avoir baigné dans un univers abusif et restrictif s'accroît. Les informateurs qui ont le plus adhéré à l'idéologie religieuse n'ont pas toujours eu conscience d'avoir été abusés. Or, faire le constat que la secte – jusqu'ici jugée comme un endroit privilégié – n'est finalement qu'un groupe religieux parmi d'autres et que les leaders – sans cesse perçus comme des dirigeants bénis de Dieu – ne sont, somme toute, que de simples êtres humains constitue déjà un pas très important à franchir. Cependant, réaliser que ce même milieu est peut-être abusif et dirigé par des criminels, constitue, pour ceux qui ont vécu dans de tels groupes, un réel choc des réalités.

Cette prise de conscience aura eu un prix à payer : dépouiller la secte et les dirigeants de leurs aspects sacrés et divins. Elle peut aboutir à une déconstruction de la rationalité en valeur (Weber, 1995a) ou de la logique religieuse, laquelle leur a fourni, pendant le temps passé dans la secte, une valeur significative importante pour les abus subis. Le cas de Sara, plus précisément, est éloquent à cet égard. Ainsi, une fois le voile de la légitimation religieuse tombé, Sara est en mesure de constater que les rituels sexuels auxquels elle a participé n'étaient finalement que le fruit d'actes pervers et abusifs. Ce constat a eu pour elle un double impact : d'une part, la nouvelle signification a banalisé, dépouillé de sens, voire rendu inutiles les gestes qui avaient été commis selon la rationalité en valeur et, d'autre part, elle venait profaner la valeur symbolique, sacrée et divine des gestes posés. La délégitimation religieuse et la désacralisation des abus demeurent un choc difficile à supporter qui peut conduire l'individu à trouver sa vie passée complètement dépourvue de sens.

Quand j'ai réalisé que les rituels sexuels, c'était de l'abus de pouvoir sur moi, j'ai eu un choc. J'ai commencé à être consciente du mensonge dans lequel j'ai grandi et ce que ça m'a coûté d'avoir cru au mensonge. Par la suite, d'avoir découvert que j'avais été violée et abusée alors que je croyais avoir fait un don généreux à Dieu, ça, ça m'a tuée. Prendre conscience de cela a rendu toutes ces années inutiles et sans valeur. Non seulement ces rituels avaient été les gestes les plus difficiles à poser, mais de plus, je les avais faits tout simplement pour rien. (Sara)

D'autre part, Maurice se retrouve devant une impasse quand il réalise que le monde n'est pas nécessairement un champ de bataille, comme il l'avait présupposé :

Quand j'ai commencé à réaliser que je ne comprenais pas la game *de la façon dont je pensais que je la comprenais. Alors, je me suis dit : « Maurice, il n'y a pas vraiment de raisons pour vivre. »* (Maurice)

Constater que le groupe dans lequel quelqu'un a grandi est finalement une « secte » (au sens péjoratif), que certaines actions du mouvement religieux en question étaient peut-être illégales et que certaines attitudes actuelles viennent probablement du groupe d'appartenance constituent des prises de conscience qui accentuent de façon importante le processus de délégitimation. Julie, après quelques lectures, constate avec Maurice que leur groupe, *« c'était finalement une secte ! Le groupe avait tous les critères. »* Émile réalise que ses repères sont inadéquats : *« J'ai grandi dans une bulle et là j'arrive dans des problèmes humains profonds, sérieux où tu remets en cause toutes tes bases. »* Luc, devant son évaluation que l'environnement normatif de son groupe était abusif, cherche à lier ses comportements actuels à son passé : *« C'est eux qui ont créé ce problème de manque d'estime de soi. D'une façon, c'est eux qui ont créé les mauvaises attitudes dans ma tête. Peut-être que mon comportement, ça vient de là ? »*

L'individu qui réalise qu'il a peut-être grandi dans un milieu malsain est tenté de rejeter tous les repères provenant de la secte. N'étant pas encore outillé pour saisir l'environnement normatif de la société environnante qu'il a appris à rejeter si longtemps, il se retrouve pendant un certain temps sans repères normatifs, donc en anomie :

Tu n'as pas de lien ! Et sais-tu à quel point ce peut être déstabilisant ça ? C'est incroyable ! Parce que tu n'as pas de repères au niveau moral, parce que tous les repères qu'on te donne, quand tu sors de chez vous, tu réalises qu'ils ne tiennent pas. (Émile)

Ainsi, la prise de conscience que l'environnement sectaire était peut-être abusif accentue et achève le processus de délégitimation, lequel frappe de plein fouet la vision du monde intériorisée. L'individu constate qu'il a grandi dans une secte, portant dorénavant une charge négative, et que la vision du monde qu'on lui a transmise correspond très peu, voire pas du tout, à sa nouvelle réalité.

8.5. LA RESOCIALISATION

Il semble que, lorsque les étapes de désintégration des réalités subjectives sont passées, le stade de la resocialisation se vit assez aisément. Nous l'avons vu au chapitre 2, la resocialisation se fait par l'entremise de personnes significatives. Pour celui qui vient d'un milieu abusif, la relation d'aide garde son importance. Mona attribue à son premier conjoint le rôle crucial d'agent socialisateur:

> *Lui, il m'a vraiment aidée à m'intégrer. Ça a été un gros tournant pour moi. Il m'a montré comment me comporter en société. Je suis allée à l'école. J'ai appris un métier. J'ai travaillé. Moi, c'est parce que j'ai eu Ronald. Si je ne l'avais pas eu, je ne sais pas ce qui serait arrivé.* (Mona)

Sara attribue plutôt ce rôle à sa psychologue: «*Avec patience, elle m'expliquait la vraie vie, elle m'a aidée à régler mes problèmes un après l'autre.*»

Par ailleurs, l'accès à l'éducation demeure un élément important pour celui qui n'a jamais eu la chance de fréquenter l'école extérieure. Parfaire son éducation, comme ça a été le cas pour Sara, Mona et Émile, constitue une priorité pour Michel (Groupe 1) qui déclare: «*Pour moi, ce qui a été urgent à la sortie, c'était l'éducation, parce que quand tu sors de là, tu n'as aucun diplôme, même pas un secondaire.*» Ainsi, fréquenter un établissement scolaire contribue au processus d'intégration par la création d'un nouveau réseau social, la connaissance d'un monde nouveau et l'apprentissage de nouvelles normes sociales.

Bien entendu, la société, même si elle a perdu sa charge significative, représente pour les individus élevés en milieu religieux fermé un monde très vaste. Il s'ensuit que, même s'ils y sont intégrés, certains de nos informateurs gardent le sentiment qu'ils ne le sont pas, sauf Maurice et Gilles qui l'expriment assez clairement:

> *Non, je vais assez bien avec le monde. J'aime le monde, j'aime ma vie dans ce monde, j'ai maintenant une bonne profession. J'ai du plaisir dans mon travail, c'est un succès.* (Maurice)

> *On est parti. On faisait partie d'eux, mais là on fait partie de la société.* (Gilles, Groupe 1)

Il est donc possible pour un individu, malgré une socialisation première vécue dans un environnement normatif «encapsulé», de créer des attaches avec une société étrangère, même si elle avait été objectivée comme une terre maudite. Nous voulons conclure cette courte section en faisant remarquer au lecteur que la période de déséquilibre où l'individu perd, en quelque sorte, ses repères, ce qui contribue à l'accentuation du processus de délégitimation, permet finalement, lors de la resocialisation, un renversement total dans la pensée de l'individu. D'un lieu béni et privilégié, la secte est devenue pour nos informateurs un passé auquel ils ne voudraient plus retourner. Bien plus, la société, d'abord appréhendée comme terre du Mal, s'est transformée à son tour en un endroit viable habité par de simples humains qui ont, à la fois, bonheurs et problèmes.

La plupart des informateurs semblent satisfaits du chemin parcouru. Julie termine actuellement sa maîtrise en travail social, tandis que Maurice est à terminer son doctorat en psychologie. Directeur et directrice d'un centre d'intervention en violence familiale, il semble que ces deux informateurs aient réussi une insertion dans le monde professionnel. Maurice garde contact avec le groupe et sa dirigeante afin de créer un pont pour ceux et celles qui décideraient de quitter le mouvement. Le couple fait partie d'un réseau social qui leur permet d'entretenir quelques amitiés. Par contre, Maurice expérimente de temps à autre des problèmes de phobie, qu'il apprend à gérer avec le temps.

De son côté, Luc réussit bien comme ingénieur en bâtiment et ses activités musicales le gardent bien occupé. Devenu une personne très sociable – il entretient un large réseau de connaissances et d'amis –, il éprouve par contre des difficultés dans ses rapports intimes. Le récit de Luc révèle le lien constant qu'il tente d'établir entre ses attitudes négatives qu'il manifeste à l'occasion et les enseignements religieux qu'il a reçus au sein de la secte.

En ce qui a trait à Carole, elle demeure marquée par son père qui l'a grandement déçue par ses agissements. La honte qu'elle porte face à son père/leader vivant une double vie l'a incitée à faire changer le nom de ses enfants. Elle est heureuse avec sa famille, mais demeure en conflits permanents avec ses parents. Elle aime son travail où elle socialise et choisit rarement des activités qui l'amèneraient, d'une manière ou d'une autre, à s'impliquer socialement.

Quant à Émile, nous l'avons vu, il veut fonder son Église qui, dit-il, serait « non religieuse ». Il croit ainsi pouvoir exprimer enfin ce rôle de prédicateur auquel il s'est tant identifié. Cette Église faite « sur mesure » lui donnera la chance de diriger à son tour des individus vers la réalisation d'eux-mêmes. Émile est un être très sociable, mais il semble éprouver des difficultés à s'engager dans un couple. Il tente lui aussi de s'impliquer auprès de membres de son groupe qui voudraient bien à leur tour goûter la vie de l'extérieur.

Bien que Mona et Sara aient aujourd'hui des vies différentes, des points communs dessinent leur vie. Les deux demeurent enfermées dans leur monde où elles manifestent constamment qu'elles sont bien asociales. Réussissant toutes les deux dans un travail autonome, sans patron immédiat et relativement libres de leurs décisions, les informatrices réussissent très bien dans le domaine professionnel. Mona vit seule sans conjoint, souffrant d'instabilité dans ses rapports conjugaux. Quant à Sara, elle demeure avec des phobies inexprimables concernant tout ce qui a trait aux relations avec des gens, l'intimité ou la sexualité. Elle considère son rapport à l'autre très atteint par la ritualisation sexuelle qu'elle a vécue.

Bien qu'ils soient marqués par un passé qui a laissé son empreinte, les informateurs témoignent d'un sentiment de liberté hors du commun lorsque le processus de reconstruction s'amorce. C'est comme si, tout à coup, leur bolide n'avait plus de freins. Les récits ont confirmé des épisodes de passion sans égale pour la lecture, des périodes intenses vouées aux activités de loisirs (télévision, cinéma, sorties, sport, etc.), des rages momentanées de dépenses exagérées et un désir de relation inhabituel. Partageant l'impression qu'ils se sont fait voler le temps de leur enfance, ils profitent de la vie sachant que chaque minute qui en reste n'appartient qu'à eux-mêmes.

C O N C L U S I O N

La société se trouve dorénavant devant un phénomène peu connu : une population croissante de gens socialisés dès leur jeune enfance au sein de groupes religieux fermés. En fait, une nouvelle problématique sociale se manifeste : comment s'intègrent ces individus dans une société où la démocratie, le jugement critique et l'autonomie établissent les règles du jeu ?

L'autisme peut nous servir de comparaison afin de répondre à cette question aussi délicate que complexe. Le « citoyen sectaire », celui qu'on a formé, socialisé et éduqué au sein du corps social qu'est la *Secte*, se retrouve au sein de la société dominante, emmuré en quelque sorte dans une rationalité. Il tente de communiquer avec son langage particulier, sa perception du monde et son univers symbolique. On peut affirmer à ce stade-ci que cette inadaptation manifestée par une anomie temporaire – désintégration des liens d'attachement à la société d'appartenance – sera symptomatique de son processus d'intégration. La poursuite d'une réalité, dorénavant utopique et inatteignable, le conduit directement à l'impasse. Nous référant ici à la définition de l'autisme du *Petit Larousse*, nous pouvons dire, en effet, que le « citoyen sectaire » « émet un jargon qui a la mélodie du langage, mais qui n'a aucune signification » (2004). C'est ainsi que les informateurs se sentent accueillis et perçus lorsqu'ils tentent de créer de nouveaux liens sociaux et de s'intégrer.

RAISONS DE DÉPART

L'un des objectifs poursuivis par cette enquête qualitative était d'identifier ce qui a rendu plausible chez nos informateurs la volonté d'un départ de leur groupe religieux. Notamment, nos données confirment les résultats de Kendall (2005) indiquant que, dans les sectes, les performances élevées constamment exigées des enfants, lesquelles s'ajoutent aux abus fréquents, constituent une variable importante dans leur décision de partir.

Toutefois, nous avons voulu pousser plus loin la recherche et notre analyse nous a permis d'ajouter des éléments de compréhension. Nous savons, par exemple, que le niveau d'exigence radicale est justifié par l'attitude croyante des dirigeants, des adeptes ou des parents (Coleman, 1999), qui survalorise l'enfant de la secte. La socialisation « réussie » des enfants est interprétée par les sectateurs adultes comme l'expression de qualités extraordinaires que posséderait un *virtuose* religieux (Weber, 1996). On octroie ainsi à l'enfant un rôle digne des plus grands maîtres spirituels, on s'attend à ce qu'il prenne la relève et on le rend responsable du salut des adeptes. Ces attentes démesurées et irréalistes posent sur les épaules du jeune sectateur un fardeau lourd à porter.

Nous avons relevé un autre facteur important qui incite le jeune à partir : il s'agit d'une faille dans l'univers du *nomos*. En fait, la dissonance entre les légitimations dogmatiques et les actions des dirigeants amorce un processus de délégitimation qui conduit inévitablement au départ : l'univers du *nomos* s'écroule radicalement, c'est-à-dire que tout ce qui avait fait sens, jusque-là, n'en a plus. Si, de surcroît, l'individu a été victime d'abus graves, le départ s'actualise sous le coup d'une vive réaction.

Par ailleurs, nous voulons également soulever que, dans la mesure où un enfant fréquente les établissements scolaires publics, sa socialisation sectaire est menacée par des interférences. En cela, nous confirmons les conclusions de Rochford (1999).

Le cas d'Émile a constitué un exemple éloquent d'une socialisation ratée, ce qui, dans son cas, a été le facteur majeur conduisant au départ. Il ne pouvait plus survivre dans la secte, nourri exclusivement des éléments de sa socialisation sectaire. L'étouffement s'est fait sentir.

Reprenons, pour conclure sur ce point, les différents facteurs que nous avons identifiés comme intervenant dans la décision d'un départ :

- le « programme de formation » à la virtuosité religieuse, comme condition première de la vie sectaire, qui est actualisé par une survalorisation des qualités jugées extraordinaires de certains enfants et qui crée chez ces derniers un essoufflement dorénavant intolérable (Sara, Maurice, Émile, S3) ;
- l'accumulation d'abus (Sara, Maurice, Julie, Mona, Luc, S1, S5) ;
- la dissonance entre l'idéologie doctrinale et les actions des leaders (Mona, Carole, Julie, Groupe 1, S3) ;

- une socialisation ratée, c'est-à-dire une socialisation qui n'a pu être réussie totalement, notamment par un processus de socialisation parallèle, lors de la fréquentation scolaire et de l'accès aux ouvrages littéraires (Émile, Carole).

Nous considérons que chacun de ces facteurs, ou toute combinaison de ceux-ci, peut conduire à une faille dans l'univers du *nomos*, faille qui amorce de façon définitive le processus de délégitimation. Ce processus amorcé, l'individu n'a d'autre choix que de quitter son milieu d'appartenance.

LE DÉROULEMENT DU PROCESSUS D'INTÉGRATION ET SES PRINCIPAUX PROBLÈMES

Parler d'intégration signifie forcément parler d'un processus. Nous avons repéré dans les récits de nos informateurs quatre étapes principales qui marquent le processus d'intégration : le départ, la continuité, le choc des réalités en lien avec l'anomie ainsi que la resocialisation.

Après le départ, les réalités subjectives intériorisées sont d'une telle évidence que les informateurs *continuent* de vivre dans la société selon les normes, le rôle et la vision du monde intériorisés dans la secte. On tient à réaffirmer que c'est la prise de conscience, le *choc* que produit le contact des deux réalités – celle de la secte et celle de la société dominante – qui demeure l'étape nécessaire à la réussite du processus d'intégration. Cependant, cette période est généralement accompagnée d'un état d'anomie où l'individu vit un état psychologique éprouvant. Alors que ses réalités subjectives acquises dans la «secte» se déconstruisent peu à peu, ses liens d'attache à la nouvelle société sont encore fragiles. Ainsi, ce stade constitue l'étape charnière, mais également la pierre d'achoppement probable du processus. On sait, par exemple, que ceux qui ne réussissent pas à le franchir choisissent de retourner dans la secte à moins qu'ils ne voient dans le suicide une meilleure solution. En ce qui a trait à la dernière étape, la resocialisation, elle est sans conteste la plus facile lorsque les étapes précédentes ont été franchies. L'individu adhère peu à peu à une nouvelle rationalité grâce à laquelle il acquiert la capacité d'objectiver la secte. La resocialisation se fait par l'entremise de nouveaux agents socialisateurs, notamment par de nouvelles personnes significatives ainsi que par l'accès aux ouvrages littéraires et à l'information.

CONTINUITÉ OU DISCONTINUITÉ ENTRE LES DEUX SOCIÉTÉS

Afin de mener à bien cette recherche, nous avons posé la question suivante : quelles sont les continuités ou les discontinuités entre les valeurs, la vision du monde et les compétences sociales intériorisées dans la secte et celles qui paraissent, par la suite, nécessaires afin de vivre dans la société ?

Les résultats de cette enquête seraient incomplets sans la découverte de la variable déterminante du processus d'intégration : la vision du monde. Nous avons été en mesure de démontrer qu'elle constituait le facteur majeur influençant le degré de difficulté du processus d'intégration. En effet, elle affecte l'image de soi, par la construction d'une identité utopique ; elle maquille les règles parfois abusives par la légitimation religieuse et elle fournit une image de la société totalement embrouillée par un regard manichéen. Or, c'est avec ce bagage intériorisé que le sectateur entre en société. Il n'est donc pas étonnant que son processus d'intégration représente pour lui un défi aussi grand.

Cette vision du monde a été construite selon une *orientation des valeurs* (Kluckhohn et Strodtbeck, 1973) propre à la secte, laquelle place en priorité la socialisation religieuse de ses enfants. La rupture avec le *monde*, les croyances apocalyptiques et l'intensité religieuse figurent parmi les valeurs prioritaires de la secte dans sa hiérarchie des valeurs. Ainsi, l'individu socialisé en milieu sectaire doit redéfinir ses valeurs s'il veut parvenir à s'intégrer en société. D'une rupture avec le *monde*, il doit créer de nouveaux liens ; de l'utopie apocalyptique, il doit passer à la rationalité empirique dominante dans la société. Afin de suppléer à l'intensité religieuse totalisant toute l'expérience quotidienne, il doit trouver l'équilibre entre travail rémunéré, repos, relations humaines et spiritualité.

Nous avions avancé plus tôt que plus l'idéologie d'un groupe était fondée sur un contre-modèle de la société moderne (qui favorisait une vision du monde manichéenne et apocalyptique et une rupture avec la société), plus les défis liés à l'intégration seraient importants. Déjà confirmée aux paragraphes précédents, cette hypothèse est de plus corroborée par les informatrices Carole et Mona qui, comme nous le savons, affirment fermement ne pas avoir adhéré à l'idéologie de leur secte. Malgré cela, nous avons retrouvé des traces de leur vision du monde qui ont rendu plus difficile leur processus d'intégration. En effet, il leur est arrivé, notamment lors d'événements spectaculaires comme ceux du 11 septembre, de lire la réalité à partir de leur formation religieuse sectaire.

L'analyse du cas de Mona nous conduit à une observation plus spécifique. Parmi tous nos informateurs, Mona est sans contredit celle qui n'a pu, selon toutes apparences, s'intégrer réellement à la société sectaire car elle était en état constant d'anomie, rejetant, dès son enfance, les normes, les règles et la discipline de l'environnement sectaire. Plus important encore, vingt-cinq années vécues en société n'ont pas suffi pour que la répondante s'y sente intégrée. Elle affirme, selon la terminologie propre à son groupe, qu'elle ne voit pas en quoi aujourd'hui elle fait *partie du monde*. Une constatation peut être faite à partir de ce tableau. Mona a grandi en état d'anomie, incapable d'attachement au milieu marginal parce qu'elle a rejeté à la fois la vision du monde et l'état de fermeture au monde qu'obligeait la vie dans la secte. Paradoxalement, c'est ce même état où elle refuse tout attachement avec l'univers social qu'elle reproduira dans une seconde société, même si celle-ci véhicule une vision du monde différente[1]. L'intensité religieuse sectaire proposée est si forte que l'enfant, qui ne veut pas adhérer à son idéologie, refuse la secte au point de ne plus faire confiance, même dans une autre société, à une autre vision du monde ou à un autre réseau social. C'est donc dire qu'indépendamment du degré d'adhésion religieuse, cette variable de l'idéologie fondée sur le contre-modèle de la société dominante constitue un facteur important qui affecte grandement le niveau de difficulté d'intégration.

Quant aux compétences sociales, nous avons vu que l'individu qui s'identifiait particulièrement à un rôle utopique (Émile, Maurice, Sara), où il s'est cru momentanément indispensable dans le plan eschatologique divin proposé par son groupe, éprouve une difficulté additionnelle lors de son processus d'intégration. Son sentiment de compétence sociale s'efface totalement à la sortie. Ces individus doivent, en effet, se détacher et souvent faire le deuil d'un rôle qui n'a aucune signification en dehors de la secte. Les stratégies d'adaptation sont variées : Émile a choisi de créer lui-même un environnement propice à l'expression de son rôle de prédicateur, alors que Maurice et Sara, après avoir abandonné l'idée de l'exercice de leur vocation en société, ont privilégié des activités valorisées au sein de la société moderne.

D'après nos résultats, l'hypothèse que nous avions avancée voulant qu'il existe une discontinuité cognitive, comportementale et axiologique entre le groupe sectaire et la société dominante, discontinuité qui freine et fragilise le processus d'intégration sociale, se trouve amplement confirmée.

---

1. À titre d'exemple, Mona refuse encore d'écouter les nouvelles, d'aller voter, d'aller aux fêtes familiales, de célébrer les fêtes importantes comme Noël, etc.

L'AUTONOMIE DANS LE PROCESSUS D'INTÉGRATION

Les principaux éléments de discontinuité affectent, notamment, la capacité (ou le sentiment) d'autonomie dans les processus décisionnels, dans les repères langagiers et de significations à octroyer aux événements, dans le sentiment de compétence sociale et dans les relations avec autrui. Telle est, comme nous l'avions rédigé au début de cette section, la formulation d'une de nos hypothèses.

Comme nous venons de le voir, une nouvelle orientation des valeurs, une nouvelle vision du monde et un nouveau rôle socialement accepté contribuent à susciter chez les individus concernés un sentiment de compétence sociale. Par contre, il semble assez difficile, pour la majorité d'entre eux, d'éprouver le *sentiment* d'être intégré. Le degré de difficulté du processus d'intégration, qui passe d'abord par un processus de déconstruction du discours religieux, laisse une forte empreinte qui rend difficile l'évaluation de leur niveau d'intégration. Il en va de même de la durée du cheminement de l'intégration qui, selon les récits, se prolonge au minimum sur une dizaine d'années.

Cependant, nos résultats illustrent que le niveau d'autonomie des individus en processus d'intégration est corollaire à leur niveau d'adhésion, autrefois, à l'idéologie sectaire. Sara et Maurice sont les deux informateurs qui ont été le plus affectés par cette variable. Les récits indiquent que tous deux ont expérimenté des difficultés de communication occasionnées par la terminologie utilisée dans la secte, le seul langage qu'ils avaient appris à maîtriser étant enfant. De plus, le fait de chercher sans cesse à exercer leur *vocation* symbolique a contribué à affecter négativement leur sentiment de compétence sociale. Ils ont également expérimenté des difficultés relationnelles. Comme nous l'avons vu, Maurice a passé dix ans à tenter de comprendre le fonctionnement des *gens du monde,* gardant une attitude hautaine à l'égard de ces gens « à qui Dieu ne s'était pas révélé ». Sara, particulièrement atteinte par les rituels religieux impliquant la sexualité, atteste, indépendamment du fait d'avoir été abusée sexuellement, avoir encore de la difficulté à considérer la sexualité en dehors d'un geste sacré.

À l'inverse, selon leurs récits, Carole et Mona, qui affirment avoir toujours refusé l'adhésion à l'idéologie de leur groupe religieux, n'ont expérimenté aucune difficulté d'autonomie, ni dans les processus décisionnels ni dans les repères langagiers ou de signification, ni dans le sentiment de compétence sociale ou dans les relations avec autrui.

Nous estimons donc, à partir de nos résultats, que la capacité d'auto-nomie est principalement affectée par la discontinuité de la vision du monde entre les deux sociétés. Il en résulte par conséquent que ce sont les individus qui ont le plus adhéré à l'idéologie sectaire qui éprouvent le plus cette difficulté d'ajustement.

DEGRÉ DE FERMETURE AU MONDE

Enfin, nous avions établi un rapport causal entre le degré de difficulté du processus d'intégration sociale et les degrés de fermeture au monde extérieur, d'autoritarisme et d'abus psychologiques ou physiques subis par l'enfant dans la secte.

Rappelons quels sont les groupes les plus fermés : ceux de Luc, de Sara et de Mona. En effet, les jeunes de ces groupes ne fréquentaient pas l'école (excepté Sara jusqu'à la fin du secondaire) et les adultes ne tra-vaillaient pas à l'extérieur. De plus, l'unique raison de sortie était directe-ment liée à des activités religieuses, les lectures étaient prohibées et les deux groupes vivaient en milieu rural. Par contre, les groupes de Maurice et Julie, d'Émile et de Carole étaient un peu plus ouverts : les jeunes fré-quentaient l'école extérieure (pour un temps dans le cas de Julie), pouvaient même poursuivre des études supérieures (Maurice) et certains travaillaient à l'extérieur (Émile et Carole). De plus, l'accès à l'information était facile. Ces précisions apportées, le fait d'avoir vécu dans un milieu fermé à la société (mis à part les problèmes psychologiques ou de phobie) a suscité chez nos informateurs des problèmes d'ajustement que l'on retrouve peu chez ceux qui ont vécu dans des groupes plus ouverts. Les problèmes pra-tiques comme le retour aux études, l'ouverture d'un compte de banque, l'adaptation aux modes vestimentaires ou la recherche d'un travail ont été des réalités éprouvantes pour ceux qui ont vécu dans des milieux plus fermés. Précisons ici que cette période d'ajustement est toutefois d'une durée relativement courte.

Le degré d'abus et d'autoritarisme est, cependant, très élevé dans toutes les sectes d'où viennent nos informateurs, à l'exception de celle de Carole. Il semble que l'autoritarisme ait affecté particulièrement Maurice et Mona, si l'on s'en tient à leur récit. Nous avons vu dans les chapitres analytiques que tous deux reproduisaient fréquemment le modèle relation-nel leader/adepte dans leur rapport avec leur supérieur dans le cadre de leurs activités professionnelles. Mona insiste sur ce point : ce problème de relation à l'autre, trop souvent perçu comme un rapport à une figure autoritaire, constitue à lui seul le problème majeur de son processus d'intégration. Elle ajoute que son quotidien est encore tellement marqué par ce transfert qu'il lui est tout à fait impossible de suivre une quelconque thérapie. Elle ne peut, sous aucune considération, se retrouver seule à seul avec quelqu'un qui la conseille[2] ou qui lui donne des ordres.

Bien entendu, les problèmes d'abus vécus par Émile, Sara, Mona, Maurice, Julie et Luc ont grandement affecté leur vie quotidienne dans leur processus d'intégration. À cause du caractère trop intime des révélations, les confidences de nos informateurs à ce propos ne nous ont pas permis de déceler précisément le rapport entre les abus et les difficultés d'intégration. De plus, ces difficultés d'ordre traumatique relèvent davantage du champ de la psychologie.

Ainsi, un rapport causal s'établit entre le degré de difficulté du processus d'intégration sociale et les degrés de fermeture au monde extérieur, d'autoritarisme et d'abus subis dans la secte. Le degré de fermeture au monde extérieur affecte la période d'adaptation, le degré d'autoritarisme influe sur le niveau de fonctionnement social, plus particulièrement le rapport aux figures d'autorité et le degré d'abus atteint l'individu dans son fonctionnement psychologique.

Même si nos conclusions mettent le lecteur sur des pistes intéressantes, il n'en reste pas moins qu'il est impossible de généraliser, ce que ne permet pas d'ailleurs la méthode qualitative. Malgré les variables dominantes, chaque secte a sa particularité et chaque individu réagit selon sa personnalité.

LE BESOIN D'OUTILS POUR LES INTERVENANTS SOCIAUX

Les institutions sociales paraissent mal préparées pour détecter et pour accueillir cette clientèle en urgent besoin d'aide. Quelques psychologues (Singer et Lalich, 1996 ; Langone, 1993) proposent des conseils à l'intention des intervenants sociaux, notamment pour ceux qui auraient à travailler auprès d'un enfant tout juste sorti d'une secte. Ils recommandent : un examen médical, une éducation sur les comportements adéquats en société, l'exposition à de nouvelles expériences sociales et éducatives, un élargissement du réseau social et une psychothérapie, tant pour les parents que pour les enfants. Langone (1993) précise que les psychothérapeutes devraient encourager leurs clients à s'ouvrir à de nouvelles expériences, ce qui contribuera à leur socialisation lors du processus d'intégration. Il distingue d'ailleurs l'« éducation » de la « socialisation » en précisant que cette dernière ne se fait pas par transmission, mais bien par expérience.

---

2. Ce qui l'empêche notamment d'être suivie par un ou une psychologue.

En travail social, certains auteurs montrent le désarroi dans lequel peuvent se retrouver des travailleurs sociaux devant cette nouvelle clientèle. Les chercheurs dégagent les obstacles à l'intervention en montrant que la *Secte* constitue pour ces intervenants une problématique méconnue. Il semble que l'évaluation psychosociale de cette nouvelle clientèle suscite chez l'intervenant un sentiment d'insécurité. Le sujet de l'intervention auprès des enfants vivant encore en milieux sectaires ou qui ont choisi de quitter leur groupe pourrait en effet faire l'objet de recherches ultérieures.

La méconnaissance du phénomène sectaire par les intervenants aggrave le niveau de difficulté lié à l'intégration. En effet, les professionnels des services sociaux possèdent peu d'outils adéquats pour aider des gens socialisés en milieu sectaire à s'intégrer en société. De surcroît, il subsiste au sein de la société de forts préjugés sociaux à l'égard des sectes. Cette situation, qui semble sans issue pour la clientèle concernée, augmente les difficultés liées à l'intégration. Nous espérons en ce sens que notre étude pourra éclairer les intervenants et nos conclusions, inspirer le corps professionnel des services sociaux.

Nous considérons notamment que l'explication du processus global d'intégration en société par les étapes élaborées tout au long de l'ouvrage est en mesure de procurer des outils adéquats aux professionnels qui ont à intervenir auprès de cette population. Par exemple, de comprendre les conditions dans lesquelles se vit un *départ* volontaire peut inévitablement éclairer des gens des services sociaux à accompagner de façon adéquate cette nouvelle clientèle vers le monde scolaire, le marché du travail, les services d'aide aux victimes ou encore les services médicaux. D'être en mesure de saisir la dynamique du stade de la *continuité* peut véritablement aider des conseillers spirituels, par exemple, à respecter le rythme du client dans son cheminement et à faire fondre ses préjugés. Bien plus, d'être en mesure de saisir que l'étape du *choc des réalités* constitue un stade crucial, un pont nécessaire à franchir pour se sentir bien en société, peut permettre au psychologue, notamment, d'accompagner différemment son client à traverser cette étape douloureuse. Bien accompagnés, certains clients seront peut-être moins tentés par le retour à la secte ou par le suicide. Enfin, le fait de bien comprendre l'importance des nouvelles relations sur la route de la resocialisation peut certainement inciter des intervenants à orienter leur client vers de nouveaux réseaux, ce qui favorisera et accélérera, de toute évidence, le processus d'intégration de celui-ci en société.

ÉPILOGUE

Nous voulons terminer cet ouvrage en invitant les chercheurs de toutes les disciplines des sciences humaines à se pencher sur la question des enfants qui vivent ou qui ont vécu en milieu sectaire. Certains pourront aller plus loin en prenant en compte, par exemple, les différents moments de l'enfance selon l'âge, ce que nous avons omis de faire volontairement. D'autres tenteront peut-être de se pencher sur des sujets tels que la question des écoles illégales et clandestines, souvent conduites par des groupes religieux radicaux, ou encore la protection des droits des enfants en milieu sectaire. Ainsi, la recherche visant à amener un éclairage sur cette problématique permettra peut-être de lever les tabous au point d'en arriver à donner accès à ces jeunes des quatre coins du globe à une société compréhensive, viable et accueillante.

Notre étude s'est voulue humble (car portant sur des situations de vie tragique), sans prétention, mais éclairante. Nous avons commencé cet ouvrage en nous exprimant, comme beaucoup d'autres auteurs, sur les sectes popularisées par la médiatisation de leur fin tragique. Parallèlement, nous avons remarqué que les groupes les plus étudiés par les chercheurs sont généralement des mouvements très controversés, les mêmes qui font bien souvent la manchette. Dans le domaine des enfants, les communautés religieuses dont on a entendu le plus parler sont, comme nous l'avons vu dans cette recherche, des groupes où de nombreux abus ont été commis. Ici encore, il semble que des chercheurs se laissent imprégner par l'aspect sensationnaliste du degré de radicalité que l'on peut retrouver dans la secte. Quant à nous, nous avons voulu donner la parole à des individus qui n'avaient encore eu aucune tribune afin d'exprimer, dans leurs propres termes, *leur* réalité. Ainsi, nous avons voulu aller au-delà du sensationnalisme, la réalité dépassant souvent les coups d'éclat momentanés.

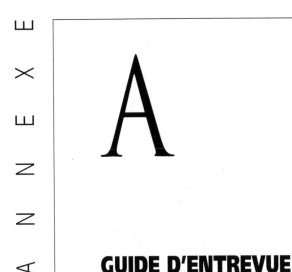

ANNEXE A

GUIDE D'ENTREVUE

1. Vérification du consentement

Tout d'abord, je tiens à vous remercier d'avoir accepté de faire cette entrevue malgré la difficulté du sujet. Comme nous en avons discuté au téléphone, je travaille pour mon mémoire sur *Les socialisations marginales : étude du processus d'intégration sociale des enfants issus des groupes religieux sectaires.* Cette entrevue sera enregistrée afin de me permettre d'avoir toutes les informations. Par contre, je vous assure qu'elle sera confidentielle. Bien sûr, si cela devient trop difficile, vous pouvez en tout temps cesser notre entretien. Donc, tout ce que vous me direz sera confidentiel et vous pouvez en tout temps cesser l'entrevue. Est-ce que vous avez des questions avant de commencer?

2. Socialisation dans le groupe

2.1. Contexte ou circonstances d'entrée (pour ceux qui n'y sont pas nés)

 a) souvenirs principaux ;

 b) facilité ou difficulté d'intégration dans le groupe ;

 c) parents : type de couple (séparés, remariés, conjoints de fait, etc.), type de vie familiale avant l'adhésion (harmonieuse, violence familiale, problèmes d'alcool, etc.) ;

 d) type de relation parent/enfant dans le groupe ;

 e) degré de rupture du groupe avec l'extérieur.

2.2. Fonctionnement du groupe – mode de socialisation

 a) règles et organisation de la vie communautaire ;

b) structure d'autorité, jeu de rôles parentaux, relation avec le leader;

c) discipline, liberté des enfants;

d) contenu de l'éducation;

e) contenu religieux.

2.3. Univers émotif

a) évolution et changement de l'univers de sentiment;

b) confiance, sécurité émotive;

c) figures d'attachement;

d) rapport à Dieu.

2.4. Rétention dans le groupe et vision du monde du sujet lorsqu'il était enfant

a) degré de «fermeture» avec l'extérieur;

b) stratégies internes, langage et doctrine;

c) tension entre les perceptions des mondes extérieur et communautaire;

d) identité, fonction et rôle social dans le groupe;

e) place accordée aux enfants dans la communauté.

2.5. Abus

2.6. Volonté de sortie

a) origines, circonstances, raisons;

b) facilités ou difficultés de sortir, vécues ou appréhendées.

3. Sortie et intégration sociale

3.1. Sortie

a) déroulement;

b) coupure radicale ou allers-retours;

c) réactions des membres et parents.

3.2. Intégration sociale – modalités de resocialisation

a) aspects organisationnels;

b) aspects relationnels;

c) degré de difficulté;

d) sentiments: regrets, nostalgie, aspects émotifs, idéalisation de la société;

e) perception de la réalité.

3.3. Perception/sentiment de l'intégration

a) sentiment d'échec ou de réussite de l'intégration ;

b) réalité sociale affectée par le passage dans le groupe ;

c) nouvelle identité.

3.4. Vision de l'avenir

a) rôle en société ;

b) sentiment par rapport au passé ;

c) sentiment par rapport au futur.

4. Données sociocritiques

a) âge d'entrée ;

b) âge à la sortie ;

c) âge actuel ;

d) travail ;

e) salaire ;

f) statut matrimonial.

B

RAPPEL DES SOURCES SECONDAIRES

Numéro	Nom	Nom du groupe	Particularité	Référence
S-1	Julia McNeil	La Famille/ Les Enfants de Dieu	Née dans le groupe; une des premières de sa génération à partir; a aidé des membres à sortir; aînée de 11 enfants	Philips, 2004
S-2	Joe Hewitt	Témoins de Jéhovah	Né au sein de l'organisation; est aujourd'hui pasteur	Hewitt, 1997
S-3	Donna Collins	Église de l'Unification	Première enfant née en Occident d'un couple marié par le révérend Moon; élevée comme une « enfant bénie »: devait posséder des pouvoirs particuliers	Collins, 1999
S-4	Nansook Hong	Église de l'Unification	A été mariée au fils du révérend Moon à l'âge de 15 ans	Hong, 1998
S-5	Ricky Rodriguez	La Famille/Les Enfants de Dieu	Fils adoptif du leader; s'est suicidé quatre ans après sa sortie	Rodriguez, s. d.: transcription de la bande vidéo envoyée aux médias

S-6	Patrick Rardin	American Society for the Defense of Traditional Family Property	Entré à l'âge de 13 ans; philosophie fondée sur une fusion entre le catholicisme et le politique; groupe très fort au Brésil	Mali, Rardin, Lehrbach et Goldberg, 1998
S-7	Tina Lehrbach	Témoins de Jéhovah	À vécu au sein du mouvement de l'âge de 10 ans à 29 ans	Mali, Rardin, Lehrbach et Goldbert, 1998
S-8	Richère David	La Mission de l'Esprit-Saint	Née au sein du groupe	Marceau, 2003
S-9	Richère Boutet	La Mission de l'Esprit-Saint	Née au sein du groupe	Prince, 2004
S-10	Dany Bouchard	Témoins de Jéhovah	À vécu de 3 à 38 ans au sein du mouvement	Bouchard, 2001
S-11	Ruth	L'Église fondamentaliste de Jésus-Christ des saints des derniers jours (Bountiful, Colombie-Britannique)	Interviewée par une journaliste, peu de détails personnels	Clarens, 2005
S-12	Robyn Bunds	Branch Davidians, Waco (Texas)	A vécu son adolescence dans le groupe	Carroll et Annin, 1993

BIBLIOGRAPHIE

ARON, R. (1967). *Les étapes de la pensée sociologique,* France, Gallimard.

BARKER, E. (1984). *The Making of a Moonie – Choice or Brainwashing?,* Oxford, Blackwell.

BARKER, E. (1989). *New Religious Movements: A Practical Introduction,* Londres, Her Majesty's Stationery Office.

BAUDELOT, C. et R. Establet (1984). *Durkheim et le suicide,* Paris, Presses universitaires de France, coll. «Philosophies».

BENEDICT, R. (1950). *Échantillons de civilisation,* Paris, Gallimard.

BERGER, P.L. (1964). «The Sociological Study of Sectarism», *Social Research,* vol. 21, p. 467-485.

BERGER, P.L. (1971). *La religion dans la conscience moderne: essai d'analyse culturelle,* trad. par Joseph Feisthauer, Paris, Le Centurion.

BERGER, P.L. (1973). *Comprendre la sociologie. Son rôle dans la société moderne,* trad. par Joseph Feisthauer, Paris, Resma.

BERGER, P.L. et T. LUCKMANN (2003). *La construction sociale de la réalité,* 2e éd., trad. de l'américain par Pierre Taminiaux, Paris, Armand Colin.

BERGERON, R. (1985). «La peur dans les sectes bibliques», dans A. Mettayer et J.-M. Dufort (dir.), *La peur. Genèses. Structures contemporaines. Avenir: Actes du congrès de la Société canadienne de théologie* (Montréal, 21-23 octobre 1983), Québec, Fides, p. 125-136.

BOLLIET, D. et J.-P. SCHMITT (2002). *La socialisation,* Paris, Boréal, coll. «Thèmes et débats – sociologie».

BOTTOMS, B.L. *et al.* (1995). «In the Name of God: A Profile of Religion-Related Child Abuse», *Journal of Social Issues,* vol. 51, n° 2, p. 85-111.

BOUCHARD, D. (2001). *Dans l'enfer des Témoins de Jéhovah,* France, Éditions du Rocher.

BOUTIN, M. (1985). « L'apocalypticien d'aujourd'hui a-t-il peur? », dans A. Mettayer et J.-M. Dufort (dir.), *La peur. Genèses. Structures contemporaines. Avenir: Actes du congrès de la Société canadienne de théologie* (Montréal, 21-23 octobre 1983), Montréal, Fides, p. 259-271.

CAROLL, G. et P. ANNIN (1993). « Children of the Cult », *Newsweek,* n° 121, 17 mai, p. 48-54.

CHAGNON, R. (1988). *Les conversions aux nouvelles religions: libres ou forcées ?,* Montréal, Fides.

CHAMPION, F. et M. COHEN (dir.) (1999). *Sectes et démocratie,* Paris, Éditions du Seuil.

CIALDINI, R.B. (1993). *Influence: Science and Practice,* 3e éd., New York, Harper Collins College Publishers.

CLARENS, K. (2005). « Dans la famille mormon... », *Figaro Magazine,* En ligne <www.lefigaro.fr/magazine/20051104.MAG0024.html?031547>, consulté le 25 novembre 2005.

COLEMAN, S. (1999). « God's Children: Physical and Spiritual Growth among Evangelican Christians », dans S.J. Palmer et C.E. Hardman (dir.), *Children in New Religions,* Nouveau-Brunswick, New Jersey et Londres, Rutgers University Press, p. 71-88.

COLLINS, D. (1999). *Blessed Child: An Interview with Donna Collins: American Family Foundation 1999 Annual Conference,* AFF Video Production, Bonita Springs (FL), Vidéocassette VHS, 60 min., son, couleur.

DAVIS (Linda Berg), D. et B. DAVIS (1984). *The Children of God: The Inside Story,* En ligne <www.exfamily.org/art/exmem/debdavis/the_cog.html>, consulté le 7 avril 2004.

DAWSON, L.L. (1997). « Creating "Cult" Typologies: Some Strategic Considerations », *Journal of Contemporary Religion,* vol. 12, n° 3, p. 363-381.

DAWSON, L.L. (1998). *Comprehending Cults – The Sociology of New Religious Movements,* Canada, Oxford University Press.

DEARMAN, M.V. (1972). *Do Holiness Sects Socialize in Dominant Values ? An Empirical Inquiry,* Thèse de doctorat, University of Oregon.

DESLAURIERS, J.-P. (1991). *Recherche qualitative – Guide pratique,* Toronto, McGraw Hill, coll. « Thema ».

DUBAR, C. (1996). *La socialisation: construction des identités sociales et professionnelles,* 2e éd. rev., Paris, Armand Colin.

DURKHEIM, É. (1969). *L'évolution pédagogique en France,* 2e éd., Paris, Presses universitaires de France.

DURKHEIM, É. (1981). *Le suicide: étude de sociologie,* Paris, Presses universitaires de France.

DURKHEIM, É. (1998). *De la division du travail social,* 5e éd., Paris, Presses universitaires de France.

FLEURY, L. (2001). *Max Weber,* Paris, Presses universitaires de France, coll. « Que sais-je ? ».

FONTAINE, I. (1998). *Un changement d'univers symbolique: lecture du processus de conversion*, Mémoire, Montréal, Université du Québec à Montréal.

FREUND, J. (1983). *Sociologie de Max Weber*, 3ᵉ éd., Paris, Presses universitaires de France.

FREUND, J. (1986). « Le polythéisme chez Max Weber », *Archives de sciences sociales des religions*, vol. 61, n° 1, janvier-mars, p. 51-61.

GAUCHET, M. (1998). *La religion dans la démocratie: parcours de la laïcité*, Paris, Gallimard.

GIGUÈRE, N. (réal.) (1997). *Aller simple pour Sirius*, Verseau International, Suisse, VHS, couleur, 72 min.

GREVEN, P. (1991). *Spare the Child – The Religious Roots of Punishment and the Psychological Impact of Physical Abuse*, New York, Alfred A. Knopf.

GROSSEIN, J.-P. (1996). « Présentation », dans M. Weber, *Sociologie des religions*, trad. par J.-P. Grossein, France, Gallimard, p. 51-130.

HABERMAS, J. (1987). *Théorie de l'agir communicationnel*, 2 t., trad. de l'allemand par J.-M. Ferry et J.-L. Schlegel, Paris, Fayard, coll. « L'espace du politique ».

HELFER, R. (1983). *The Children of the House of Judah*, East Lansing, Michigan State University, Department of Pediatrics/Human Development, rapport non publié.

HERVIEU-LÉGER, D. (1996). « Productions religieuses de la modernité: les phénomènes du croire dans les sociétés modernes », dans B. Caulier (dir.), *Religion, sécularisation, modernité*, Québec, Les Presses de l'Université Laval, p. 37-58.

HERVIEU-LÉGER, D. (2001). *La religion en miettes ou la question des sectes*, Paris, Calmann-Lévy.

HERVIEU-LÉGER, D. et G. DAVIE (1996). « Le déferlement spirituel des nouveaux mouvements religieux », dans D. Hervieu-Léger et G. Davie, *Identités religieuses en Europe*, Paris, La Découverte, p. 269-289.

HERVIEU-LÉGER, D. et J.-P. WILLAIME (2001). *Sociologies et religion – Approches classiques*, Paris, Presses universitaires de France, coll. « Sociologie d'aujourd'hui ».

HEWITT, J. (1997). *I Was Raised a Jehovah's Witness*, 2ᵉ éd., Grand Rapids (MI), Kregel Publishing.

HONG, N. (1998). *L'ombre de Moon*, trad. de L.J. Llobet, Paris, Éditions 1.

JOHNSON, B. (1957). « A Critical Appraisal of the Church-Sect Typology », *American Sociological Review*, n° 22, février, p. 88-92.

JOHNSON, B. (1961). « Do Holiness Sects Socialize in Dominant Values? », *Social Forces*, mai, p. 309-316.

JOHNSON, B. (1963). « On Church and Sect », *American Sociological Review*, vol. 28, n° 4 (août), p. 539-549.

JOHNSON, B. (1971). « Church and Sect Revisited », *Journal for the Scientific Study of Religion*, vol. 10, n° 2, été, p. 124-137.

KARDINER, A. (1969). *L'individu et sa société*, Paris, Gallimard.

KENDALL, L. (2006). *A Psychological Exploration into the Effects of Former Membership of «Extremist Authoritarian Sects»*, Thèse de doctorat, Royaume-Uni, Department of Psychology, Faculty of Social Sciences and Humanities, Brunel University.

KENDALL, L. (2005). *Why Do Second Generation Former Members Experience Greater Psychological Distress than First-Generation Former Members ?*, ICSA Conference: Psychological Manipulation, Cultic Groups and Other Alternative Movements, Communication (Madrid, 15 juillet).

KENT, S.A. (2004). «Generational Revolt by the Adult Children of First-Generation Members of the Children of God/The Family», *Cultic Studies Review*, vol. 3, n° 1, p. 1-14.

KLUCKHOHN, F.R. et F.L. STRODTBECK (1973). *Variations in Value Orientation*, 2e éd., Evanston (IL), Row, Peterson and Co.

LANGONE, M.D. (1993). *Recovery from Cults: Help for Victims of Psychological and Spiritual Abuse*, New York, W.W. Norton.

LEMIEUX, R. (1985). «Angoisse et religion: un syndrome de société contemporaine», dans A. Mettayer et J.-M. Dufort (dir.), *La peur. Genèses. Structures contemporaines. Avenir: Actes du congrès de la Société canadienne de théologie* (Montréal, 21-23 octobre 1983), Montréal, Fides, p. 105-136.

LINTON, R. (1986). *Les fondements culturels de la personnalité*, Paris, Dunod.

LOADER, C. et J.C. ALEXANDER (1985). «Max Weber on Churches and Sects in North America: An Alternative Path toward Rationalization», *Sociological Theory*, vol. 3, n° 1, printemps, p. 1-6.

LUCA, N. (2004). *Les Sectes*, Paris, Presses universitaires de France, coll. «Que sais-je?».

LUCA, N. et F. LENOIR (1998). *Sectes: mensonges et idéaux*, Paris, Bayard.

MALI, RARDIN, LEHRBACH et GOLDBERG (1998). *Growing Up in Cultic Groups – AFF 1998 Annual Conference*, AFF Video Production, Bonita Springs (FL), Vidéocassette VHS, 90 min., son, couleur.

MARCEAU, K. (2003). *J.E.*, Émission d'intérêt public, 14 février, Montréal, TVA.

McCLOSKY, H. et J.H. SCHAAR (1965). «Psychological Dimensions of Anomy», *American Sociological Review*, vol. 30, n° 1.

MEAD, G.H. (1969). *Mind, Self, and Society: From the Standpoint of a Social Behaviorist*, 16e éd., dir. et préf. de Charles W. Morris, Chicago et Londres, University of Chicago Press.

MEAD, G.H. (1963). *L'esprit, le soi et la société*, trad. de l'anglais par J. Cazeneuve, E. Kaelin et G. Thibault, Paris, Presses universitaires de France.

MERLET, P. (dir.) (2004). *Le Petit Larousse illustré*, sous «autisme» et «gourou», Paris, Larousse.

MERTON, R.K. (1938). «Social Structure and Anomie», *American Sociological Review*, vol. 3.

MOORE-EMMETT, A. (2004). *God's Brothel*, San Francisco, Pince-Nez Press.

MUCCIELLI, A. (1991). *Les méthodes qualitatives,* Paris, Presses universitaires de France, coll. « Que sais-je ? ».

NIEBUHR, R.H. (1971) (1929). *The Social Sources of Denominationalism,* 11ᵉ éd., New York et Cleveland, The World Publishing Company – Meridian Books; Holt and Company.

PALMER, D. et D. PERRIN (2004). *Keep Sweet – Children of Polygamy,* Lister (B.C.), Dave's Press.

PALMER, S.J. (1999). « Frontiers and Families: The Children of Island Pond », dans S.J. Palmer et C.E. Hardman (dir.), *Children in New Religions,* Nouveau-Brunswick, New Jersey et Londres, Rutgers University Press, p. 153-171.

PALMER, S.J. et C.E. HARDMAN (1999). « Introduction: Alternative Childhoods », dans S.J. Palmer et C.E. Hardman (dir.), *Children in New Religions,* Nouveau-Brunswick, New Jersey et Londres, Rutgers University Press, p. 1-10.

PARAZELLI, M. (1996). « Les pratiques de socialisation marginalisée des jeunes de la rue dans l'espace urbain montréalais », *Cahiers de recherche sociologique,* nᵒ 27, p. 47-62.

PARSONS, T. et R.F. BALES en coll. avec M. ZELDITCH, J. OLDS et P. SLATER (1955). *Family, Socialization and Interaction Process,* New York, The Free Press.

PELLETIER, P. (2001). « Les gourous et les maîtres, un danger ? », dans J. Duhaime et G.-R. St-Arnaud (dir.), *La peur des sectes,* Montréal, Fides.

PERRY, B.D. (1993a). *Preliminary Statement Congressional Hearings on Waco,* The Child Trauma Academy, 7 p. En ligne <www.childtrauma.org/ctamaterials/cong.asp>, consulté le 15 octobre 2005.

PERRY, B.D. (1993b). *Appendix I – Comments on the Social, Religious and Educational Experiences of the Children Living at Ranch Apocalypse,* The Child Trauma Academy, 6 p. En ligne <www.childtrauma.org/ctamaterials/app1.asp>, consulté le 15 octobre 2005.

PERRY, B.D. (1993c). *Appendix VIII – Issues Relating to Physical, Sexual and Emotional Abuse and Neglect in the Koreshian Children,* The Child Trauma Academy, 7 p. En ligne <www.childtrauma.org/ctamaterials/app8.asp>, consulté le 15 octobre 2005.

PHILIPS, S. (2004). *Loosing Faith,* Émission d'intérêt public, États-Unis, NBC.

POPE, L. (1942). *Millhands and Preachers,* New Haven, Yale University Press

PRINCE, J. (2004). *Jeux de société – Les sectes,* 5 avril, Émission d'intérêt public, Montréal, Canal Vie.

QUIVY, R. et L.V. CAMPENHOUDT (1995). *Manuel de recherche en sciences sociales,* nouvelle éd., Paris, Dunod.

RIVEST, J. (1994). *Anomie et délinquance chez un groupe d'adolescents anglais de la région métropolitaine de Montréal,* Mémoire, Montréal, Université du Québec à Montréal, 81 p.

ROCHFORD, Jr., E.B. (1999). « Education and Collective Identity: Public Schooling of Hare Krishna Youths », dans S.J. Palmer et C.E. Hardman (dir.), *Children in New Religions,* Nouveau-Brunswick, New Jersey et Londres, Rutgers University Press, p. 20-50.

RODRIGUEZ, R. (s. d.). *Ricky's Last Words,* En ligne <www.lamatteryresource. org/media/video/rickyvideotranscript>, consulté le 8 mai 2005.

SCHÜTZ, A. (1967). *The Phenomenology of the Social World,* trad. de l'allemand par G. Walsh et F. Lehnert, Evariston (IL), Northwestern University Press.

SÉGUY, J. (1961). « Introduction – Christianismes sociaux et sociologie du christianisme chez Ernst Troeltsch », *Archives de sociologie des religions,* 6ᵉ année, n° 11, janvier-juin, p. 7-14.

SÉGUY, J. (1980). *Christianisme et société – Introduction à la sociologie de Ernst Troeltsch,* Paris, Éditions du Cerf, coll. « Sciences humaines et religions ».

SÉGUY, J. (1999). *Conflit et utopie, ou réformer l'Église – Parcours wébérien en douze essais,* coll. « Sciences humaines et religions », Paris, Éditions du Cerf.

SIEGLER, G. (1999). « The Children of ISOT », dans S.J. Palmer et C.E. Hardman (dir.), *Children in New Religions,* Nouveau-Brunswick, New Jersey et Londres, Rutgers University Press, p. 124-137.

SIMMEL, G. (1999). *Sociologie. Études sur les formes de la socialisation,* trad. de l'allemand par L. Deroche-Gurcel et S. Muller, Paris, Presses universitaires de France.

SINGER, M.T. et J. LALICH (1996). *Cults in Our Midst: The Hidden Menace in Our Everyday Lives,* San Francisco, Jossey-Bass Publishers.

SISKIND, A. (1999). « In Whose Interest? Separating Children from Mothers in the Sullivan Institute/Fourth Wall Community », dans S.J. Palmer et C.E. Hardman (dir.), *Children in New Religions,* Nouveau-Brunswick, New Jersey et Londres, Rutgers University Press, p. 51-70.

SISKIND, A. (2001). « Child-Rearing Issues in Totalist Groups », dans B. Zablocki et T. Robbins (dir.), *Misunderstanding Cults: Searching for Objectivity in a Controversial Field,* Toronto, Buffalo et Londres, University of Toronto Press, p. 415-447.

SISKIND, A. (2003). *Child-Rearing Practices in five New Religious Movements,* AFF Conference – Understanding Cults and New Religious Movements, Communication (Hartford, CT, 18 octobre).

SKONOVD, N. (1983). « Leaving the "Cultic" Religious Milieu », dans D.G. Bromley et J.T. Richardson (dir.), *The Brainwashing/Deprogramming Controversy: Sociological, Psychological, Legal and Historical Perspectives,* New York et Toronto, The Edwin Mellen Press, p. 91-105.

STARK, R. et W.S. BAINBRIDGE (1985). *Secularization, Revival and Cult Formation,* Berkeley, University of California Press.

STROLE, L. (1957). « Social Integration and Certain Corollarities: Exploratory Study », *American Sociological Review,* vol. 21, n° 6, p. 709-716.

TIGGER, T. (1993). « Children in Cults Face Myriad Problems Psychiatrist Says », *Can News* (décembre), 2 p. En ligne <www.discus.xenu.net/cgi-bin/discus/ board-auth.cgi?file=/1510/2036.html&lm=1015796349>, consulté le 10 mars 2002.

Traduction œcuménique de la Bible – Ancien Testament (1978). Édition intégrale, Paris, Éditions du Cerf.

Traduction œcuménique de la Bible – Nouveau Testament (1980). Édition intégrale, Paris, Éditions du Cerf.

TOBIAS, M.L. et J. LALICH (1994). *Captive Hearts Captive Minds: Freedom and Recovery from Cults and Abusive Relationships*, Alameda (CA), Hunter House, Inc.

TÖNNIES, F. 1944. *Communauté et Société*, Paris, Presses universitaires de France.

TROELTSCH, E. (1961). « Christianismes sociaux et sociologie du christianisme chez Ernst Troeltsch – Conclusions des *Soziallehren* de Ernst Troeltsch », trad. par M.-L. Letendre, *Archives de sociologie des religions*, vol. 6, n° 11, p. 15-34.

TROELTSCH, E. (1931a). *The Social Teaching of the Christian Churches*, trad. par Olive Wyon, vol. 1, Londres, George Allan & Unwin Ltd. et New York, The McMillan Company.

TROELTSCH, E. (1931b). *The Social Teaching of the Christian Churches*, trad. par Olive Wyon, vol. 2, Londres, George Allan & Unwin Ltd., et New York, The McMillan Company.

WEBER, M. (1964). *L'éthique protestante et l'esprit du capitalisme*, trad. de l'allemand par J. Chavy, Paris, Librairie Plon.

WEBER, M. (1973). « Max Weber on Church, Sect and Mysticism », trad. de J.L. Gittleman, *Sociological Analysis*, vol. 34, p. 140-149.

WEBER, M. (1985). « "Churches" and "Sects" in North America: An Ecclesiastical Socio Political Sketch », trad. de C. Loader, *Sociological Theory*, vol. 3 (printemps), p. 7-13.

WEBER, M. (1995a). *Les catégories de la sociologie*, T. 1 de *Économie et société*, trad. de l'allemand par J. Freund *et al.*, sous la dir. de J. Chavy et É. de Dampierre, Paris, Plon, coll. « Agora Les Classiques ».

WEBER, M. (1995b). *L'organisation et les puissances de la société dans leur rapport à l'économie*, T. 2 de *Économie et société*, trad. de l'allemand par J. Freund *et al.*, sous la dir. de J. Chavy et É. de Dampierre, Paris, Plon, coll. « Agora Les Classiques ».

WEBER, M. (1996). *Sociologie des religions*, trad. par J.-P. Grossein, Paris, Gallimard.

WILLAIME, J.-P. (1995). *Sociologie des religions*, Paris, Presses universitaires de France, coll. « Que sais-je ? ».

WILLAIME, J.-P. (1999). « Les définitions sociologiques de la *Secte* », dans F. Messner (dir.), *Les sectes et le droit en France*, Paris, Presses universitaires de France, p. 21-46.

WILLAIME, J.-P. (2000). « Débat sur les *Sectes* et perception du religieux en France », *Conscience et Liberté*, n° 59, mai, p. 65-80.

WILSON, B.R. (1990). *The Social Dimensions of Sectarianism: Sects and New Religious Movements in Contemporary Society*, Oxford, Clarendon Press.

WILSON, B.R. (1959). « An Analysis of Sect Development », *American Sociological Review*, vol. 24, n° 1, février, p. 3-15.

▶

Au-delà du système pénal
L'intégration sociale et professionnelle
des groupes judiciarisés et marginalisés
Sous la direction de Jean Poupart
2004, ISBN 2-7605-1307-6, 294 pages

L'imaginaire urbain et les jeunes
La ville comme espace d'expériences
identitaires et créatrices
Sous la direction de
Pierre-W. Boudreault et Michel Parazelli
2004, ISBN 2-7605-1293-2, 388 pages

Parents d'ailleurs, enfants d'ici
Dynamique d'adaptation du rôle parental
chez les immigrants
Louise Bérubé
2004, ISBN 2-7605-1263-0, 276 pages

Citoyenneté et pauvreté
Politiques, pratiques et stratégies d'insertion
en emploi et de lutte contre la pauvreté
Pierre-Joseph Ulysse et Frédéric Lesemann
2004, ISBN 2-7605-1261-4, 330 pages

**Éthique, travail social
et action communautaire**
Henri Lamoureux
2003, ISBN 2-7605-1245-2, 266 pages

Travailler dans le communautaire
Jean-Pierre Deslauriers,
avec la collaboration de Renaud Paquet
2003, ISBN 2-7605-1230-4, 158 pages

Violence parentale et violence conjugale
Des réalités plurielles, multidimensionnelles
et interreliées
Claire Chamberland
2003, ISBN 2-7605-1216-9, 410 pages

Le virage ambulatoire : défis et enjeux
Sous la direction de
Guilhème Pérodeau et Denyse Côté
2002, ISBN 2-7605-1195-2, 216 pages

Priver ou privatiser la vieillesse ?
Entre le domicile à tout prix
et le placement à aucun prix
Michèle Charpentier
2002, ISBN 2-7605-1171-5, 226 pages

**Huit clés pour la prévention
du suicide chez les jeunes**
Marlène Falardeau
2002, ISBN 2-7605-1177-4, 202 pages

La rue attractive
Parcours et pratiques identitaires
des jeunes de la rue
Michel Parazelli
2002, ISBN 2-7605-1158-8, 378 pages

Le jardin d'ombres
La poétique et la politique
de la rééducation sociale
Michel Desjardins
2002, ISBN 2-7605-1157-X, 260 pages

Problèmes sociaux
• Tome II – Études de cas
et interventions sociales
Sous la direction de
Henri Dorvil et Robert Mayer
2001, ISBN 2-7605-1127-8, 700 pages

Problèmes sociaux
• Tome I – Théories et méthodologies
Sous la direction de
Henri Dorvil et Robert Mayer
2001, ISBN 2-7605-1126-X, 622 pages